박정희 리더십

박정희 리더십

1963 ———— 1979

김태광 지음

매일경제신문사

박정희처럼
꿈꾸고, 생각하고, 도전하라!

박정희는 강렬한 카리스마의 소유자다. 그의 카리스마를 떠올리면 다부진 체구, 앙다문 입술, 그리고 무엇보다 강한 눈빛을 빼놓을 수 없다. 당시 박정희를 가까이에서 보좌했던 측근들은 그가 매서운 눈빛으로 상대를 쏘아보면 아무도 거역할 수 없을 정도로 압도적이었다고 전한다.

박정희는 강한 추진력과 카리스마로 전 분야에 걸쳐 대대적인 개혁을 시도했고, 눈부신 성과를 발휘했다. 그중에서 가장 큰 업적은 가난과 패배의식, 좌절에 빠져 있던 당시의 국민들에게 눈부신 성과들을 통해 '하면 된다'는 자신감과 희망을 심어준 것이다.

내가 태어나고 자란 고향은 대구광역시 달성군 유가읍 상리이다. 현재 박근혜 전 대통령의 사저가 있는 유가읍 쌍계리와는 자동차로 몇 분

정도밖에 걸리지 않는 아주 가까운 동네다. 어려서부터 아버지로부터 박정희 대통령과 육영수 여사에 대한 이야기를 자주 들으며 자랐다. 특히 아버지께서는 거나하게 술에 취하시면 군 시절 박정희 아래에서 복무하셨다며 박 대통령과 육 여사에 대한 일화를 이야기해주셨다. 한번은 박정희 부부가 생활하는 관사에 전기가 나가서 아버지가 수리를 해드린 일이 있었다. 그때 육 여사가 직접 물잔을 들고 와 건네주셨는데 어찌나 친절하셨는지 많은 세월이 흘러도 잊혀지지 않는다고 하셨다. 아버지께서는 박 대통령과 육 여사가 얼마나 훌륭한 분인지, 박정희가 없었더라면 우리나라는 이처럼 발전하지 못했을 거라고 말씀하셨던 기억이 난다.

나는 이 책을 집필하기 위해 박정희 대통령에 관련된 자료들을 오랫동안 수집했다. 그 자료들을 일일이 읽고, 생각하고, 연구했다. 그 과정에서 차갑고 강하게만 여겼던 박정희에게서 또 다른 면모를 엿볼 수 있었다. 힘들고 가난한 사람들을 챙겼던 그의 모습들에서 눈시울이 뜨거워 혼자 몰래 눈물을 훔쳤던 적이 적지 않았다. 그만큼 박정희의 따뜻한 인간애가 느껴졌기 때문이다. 그래서 옛 어른들이 '대통령 박정희'보다 '인간 박정희'로 일컫는 이유를 알 것 같았다.

박정희는 언제나 나라와 국민 걱정이었다. 물론 나와는 다른 의견을 가진 사람도 있으리라 생각한다. 이해한다. 박정희가 걸어온 길을 같은 색의 안경으로 볼 수는 없기 때문이다. 다만 그가 어떤 어린 시절을 보냈고, 어떤 청년기를 보냈는지, 왜 군사혁명을 일으켜야 했는지, 그 후 그가 어떤 행보를 걸었는지를 세세하게 알았으면 하고 바랄 뿐이다. 그가 어떤 세월을 걸어왔는지 제대로 알아야 제대로 된 평가를 내릴 수 있기 때문이다.

나는 강연을 통해 박정희의 꿈과 도전정신에 대해 말한다. 박정희처럼 생각하고, 꿈꾸고, 도전하라는 것이다. 사람들이 박정희처럼 생각하고 배우고 행동한다면 분명 보다 나은 성과를 발휘할 수 있다고 믿는다. 박정희는 일을 제대로 할 줄 아는 리더였다. 다시 말해 일을 했으면 성과를 발휘하는 사람이었다. 박정희가 군 지휘관 시절 세웠던 원칙을 살펴보면 철저한 성과 위주의 리더십을 고수했다는 것을 알 수 있다. 그렇다고 해서 그가 무조건 원칙과 성과만 따졌던 것은 아니다. 그는 누구보다 효율적이며 자애로운 리더십의 소유자였다.

과거 경부고속도로 공사가 한창일 때의 일이다. 예고도 없이 박정희는 공사 진행 현장을 찾았다. 잠깐 정주영 현대건설 사장과 독대를 하게 되었다. 그런데 대화 중에 정주영이 코를 골면서 꾸벅꾸벅 조는 것이었다. 아무리 막중한 공사의 책임을 맡고 있다고 하더라도 대통령 앞에서 조는 일은 큰 결례였다. 정주영은 당황한 표정으로 "각하, 정말 죄송합니다"라면서 거듭 머리를 조아렸다. 그러나 박정희는 결코 이런 사소한 일에 언성을 높이지 않았다. 그는 정주영의 손을 잡고 "정 사장, 이거 내가 피곤한 사람에게 말을 시켜서 미안하구만"이라고 격려했다.

바로 이것이 박정희의 리더십이다. 그는 작고 사소한 것으로 감동을 안겨준다. 상대방이 당황하고 곤혹스러워 할 때 진심으로 다독여준다. 역시 박정희는 위대한 리더였다.

박정희는 누구보다 솔선수범했다. 결코 그는 언행일치가 되지 않는 삶을 살지 않았다. 평소 박정희는 전기와 물 절약에서 한 나라의 대통령이 맞나 싶을 정도로 엄격했다. 심지어 그는 김재규의 총탄에 맞아 죽는 날까지 평범한 세이코 시계, 겉이 벗겨진 넥타이핀, 다 해진 혁대를 하고 있었다. 그래서 서거 당일 그를 검시했던 의사조차 대통령인 줄 전혀 눈치 채지 못했을 정도였다.

주위를 둘러보면 말과 행동이 다른 사람이 너무나 많다. 자신의 이익에 따라 말하고 행동하는 것이다. 이런 사람은 박정희의 리더십과 거리가 멀다. 조직에서 인정받지 못한다. 조직은 간사한 사람보다 우직한 사람을 좋아하기 때문이다.

살다 보면 때로 절박한 상황에 내몰린다. 이런 시련에 처하는 것은 우리가 성장해나가고 있기 때문이다. 꿈과 목표를 향해 끊임없이 전진하고 있다는 증거이기도 하다. 힘들고 고통스럽다고 해서 시련과 역경에 절대 굴복해선 안 된다. 박정희처럼 문제보다 문제 해결에 집중해야 한다. 어떤 위기 앞에서도 좌절하거나 절망해선 안 된다. 세상에 답이 없는 문제는 없다는 것을 기억해야 한다.

박정희의 인생 역정을 통해 한 가지 사실을 깨달을 수 있다. 아무리 시련과 역경에 처하더라도 명확한 꿈과 긍정적인 사고, 꾸준한 노력을 견지한다면 결국 뜻하는 바를 성취할 수 있다는 것이다. 지독히 가난했던 우리나라가 한강의 기적을 일궈냈듯이 자신의 노력 여하에 따라 얼마든지 멋지고 풍요롭게 살 수 있다.

　마지막으로 이 책을 읽는 모든 분들이 박정희처럼 생각하고, 꿈꾸고 도전하기를 바란다.

김태광

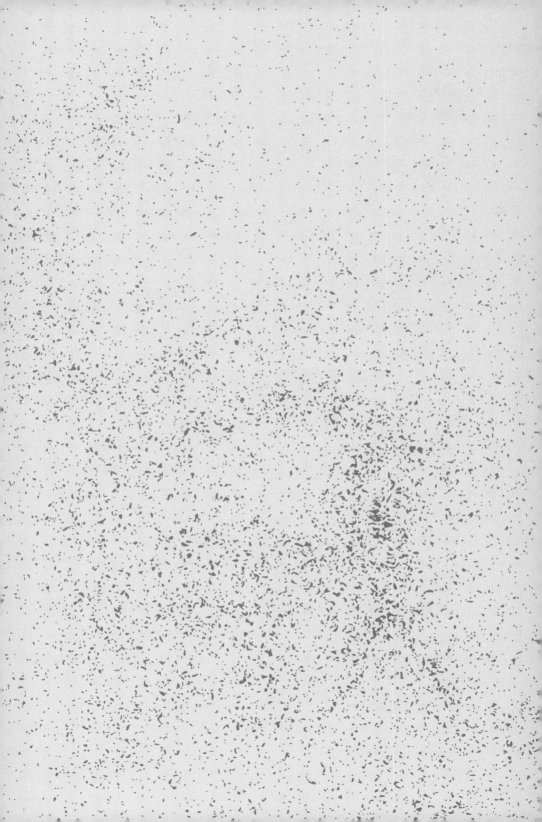

CHAPTER One

학교 꼴찌에서
최고의 리더가 된
박정희

박정희는 가난했다,
아니 행복했다

　1970년대 '한강의 기적'을 창조한 대통령 박정희. 그는 지구상에서 유래를 찾아보기 힘들 정도로 단기간에 눈부신 초고속 경제성장을 실현했다. 남다른 패기와 추진력 및 강력한 리더십으로 한국의 근대화를 이끈 주인공이지만 어린 시절의 박정희는 열등했다.

　그의 열등감의 근원은 지독한 가난과 작은 키에서 비롯되었다. 1917년 경상북도 선산군 구미면 상모동에서 7남매 중 막내로 태어난 그는 초등학교 저학년 시절 자주 체증을 앓았는가 하면 발육부진을 겪었다. 특히 겨울에 찬 도시락을 먹을 때면 자주 체해서 토하곤 했다. 그는 체기를 가라앉히기 위해 이웃집 노인에게서 왼손 엄지손가락에 침을 자주 맞아야 했다. 훗날 대통령이 된 당시에도 침을 맞은 자국이 남아 있을 정도였다.

　그의 초등학교 학적부 기록을 살펴보면, 초등학교 6년 동안 129.9cm

에서 135.8cm로 겨우 5.9cm만 자랐다는 것을 알 수 있다. 하지만 체중은 키와는 달리 15.4kg에서 30kg으로 2배나 늘었다. 이는 앞에서 언급했듯이 자주 체증을 앓았기 때문으로 풀이된다.

언젠가 그는 "우리 형제들은 다들 체구가 건장하고 키도 큰 편인데 나만 체구가 작다. 어린 시절 원거리 통학으로 신체 발육에 지장을 가져오지 않았나 생각된다"고 말한 적 있다. 이 말에서 작은 키가 심각한 콤플렉스로 작용했다는 것을 알 수 있다. 그는 구미보통학교를 다녔는데, 상모동에서 구미읍까지 20리 길이었다. 8시까지 학교에 가기 위해 꼭두새벽에 일어나 뛰다시피 학교에 가야 했다.

그에게는 작은 키 외에 또 다른 콤플렉스가 있었는데 두 살 때 화로에 데어 생긴 화상 흉터였다. 하루는 어머니가 정희를 장남인 동희의 아내에게 맡겨 놓고 외출했다. 그때 며느리는 바느질을 하고 있었는데, 정희가 기어 다니다가 그만 문지방 아래로 굴러 떨어졌다. 그 아래에 화로가 놓여 있었는데 정희는 벌건 화로에 처박히면서 한 바퀴 구르고 말았다.

당시를 박정희의 큰 누나 박귀희는 이렇게 회상했다.

"시뻘건 숯을 온몸에 뒤집어쓰고 말았습니다. 살펴보니 머리카락과 눈썹이 다 탔어요. 형님과 나는 정희의 얼굴에서 숯을 털어내고 입 속에 들어간 숯을 끄집어내는 데 정신이 쏠려 양쪽 저고리의 소매에 불이 붙어 타들어가는 것을 나중에야 알았습니다. 급하게 저고리를 찢다시피 해서 불을 껐는데, 양쪽 팔뚝에 심한 화상을 입었습니다. 그때의 화상 흉터는 정희가 죽을 때까지 남아 있어 소매가 짧은 옷을 잘 입지 않았어요."

　그는 형제들 가운데서 어머니의 사랑을 독차지했다. 그의 어머니 백남의는 겨울에는 세숫대야에 따뜻한 물을 담아 방 안에까지 들고 들어와 세수를 시키고 밥을 먹여줄 정도로 정희에게 지극한 사랑을 쏟았다.

　백남의가 막내에게 그토록 사랑을 쏟은 데는 나름의 이유가 있었다. 여러 차례의 낙태 시도에도 불구하고 태어난 데다 어린 시절 내내 건강 상태가 좋지 않았기 때문이다. 백남의가 그를 임신했을 때는 마흔다섯 살로 큰 누나 박귀희가 결혼한 뒤였다. 그래서 그녀는 딸과 함께 아기를 가졌다는 것을 부끄럽게 생각했다. 뿐만 아니라 어려운 형편에 식구가 하나 더 생긴다는 것에 불안함마저 느꼈다. 그래서 백남의는 아기를 지우기 위해 갖은 노력을 다했다. 간장을 한 사발이나 마시고 앓아누웠는 가 하면, 밀기울을 끓여서 마셨다가 까무라친 적도 있었다. 장작더미 위에서 곤두박질쳐보기도, 섬돌에서 뛰어내리기도 했다. 이렇게 해도 낙태가 되지 않자 수양버들강아지의 뿌리를 달여 마시고는 정신을 잃었다. 정신을 차린 그녀는 배 속의 아기가 움직이지 않는다는 것을 알고는 '이제 됐구나' 하고 생각했다.

　그런데 며칠 후 배 속에서 아기가 노는 것이 느껴졌다. 그 후에도 여러 차례 낙태시키기 위해 노력했지만 허사였다. 그래서 그녀는 '하는 수없다. 아기가 태어나면 솜이불에 돌돌 싸서 아궁이에 던져버려야겠다'

고 작심하고는 낙태하는 일을 그만두었다. 이렇게 해서 태어난 것이 막내 박정희다. 그래서 백남의는 다른 자식들보다 더 정희에게 애처로움과 연민의 정을 느꼈던 것이다. 정희가 학교에서 돌아오는 시간이 평소보다 늦어질 때면 그녀는 늘 같은 장소에 나와 기다리거나 더 늦을 때는 동네 어귀 밖까지 나와서 정희를 기다리곤 했다.

박정희가 훗날 결혼한 육영수에게 끌렸던 이유 가운데 한 가지를 꼽는다면 자신의 어머니를 닮았다는 점이었다. 그만큼 어린 시절 그를 향한 어머니의 모성애는 뼛속 깊이 각인되었던 것이다.

나는 집안의 가난이나 여러 가지 콤플렉스를 떠나 어머니로부터 극진한 사랑을 받고 성장한다는 것은 큰 행운이라고 생각한다. 그래서 어머니의 사랑을 독차지한 박정희가 너무나 부러웠다. 이때 어머니의 사랑이 훗날 그의 인격 형성에 많은 영향을 미쳤을 것이다. 그러고 보면모든 것이 불완전한 시기에 자신을 낳아준 어머니의 사랑을 받고 자란그는 누구보다 행복한 사람이었다.

'될 성부른 나무는 떡잎부터 알아본다'는 우리 속담이 있다. 박정희또한 초등학교 시절부터 비범했다. 그는 발육부진으로 건강 상태가 좋지 않았음에도 불구하고 반장을 맡으며 성공적인 학창시절을 보냈다. 성적은 전 과목이 우수하고, 암기력이 좋았으며, 산수, 역사, 지리 등은늘 만점을 받았다. 선생님들로부터 조리 있는 발표력을 가진 학생이라는 칭찬을 자주 들었는가 하면, 전반적으로 사고가 예민해서 수업 시간에는 가장 먼저 손을 들고 자신감 있게 발표했다. 같은 반 학생 중에서 가장 나이가 어렸지만 매년 일등을 유지했다.

눈여겨볼 것은 그가 지나칠 정도로 과묵했고, 동급생들이 두려워할 정도로 완력을 행사했다는 점이다. 당시 초등학교는 열다섯~열여섯 살의 청소년들도 함께 다녔다는 것을 감안하면 그에게 강한 카리스마가 있었다고 생각된다.

조갑제는 저서 《내 무덤에 침을 뱉어라》에서 당시 박정희와 동기생이었던 장월상과 박승룡의 증언을 이렇게 전한다.

"박정희는 어릴 때 몸집이 비록 작았지만 야무진 데가 있어 '대추 방망이'라는 별명을 가지고 있었습니다. 체구에 비해 담력이 세고 머리가 비상해 암기력이 뛰어났습니다. 3학년 때 학예 발표회 연극에서는 노인 역을 맡아 학부형들과 선생님들을 놀라게 한 적도 있었습니다."

"박정희가 반장을 지냈던 3학년부터 6학년까지 급우들 가운데서 그로부터 맞아보지 않은 아이들이 거의 없을 정도였습니다. 동급생들보다 키가 작았던 박정희는 겁도 없이 말 안 듣는 아이들이 있으면 자기보다 체구가 크거나 나이가 위인데도 뺨을 후려갈겼습니다. 반에서 가장 키가 컸던 권해도는 박정희보다 한 뼘 이상 키가 크고, 장가까지 갔는데 교실에서 뺨을 맞아야 했습니다."

동기생들의 증언에서 그의 강한 카리스마가 느껴진다. 이때의 면모는 훗날 군인시절로까지 이어진다. 아니, 더욱 강한 카리스마를 보이게 된다. 그래서일까, 훗날 그가 대통령이 되었을 때 그를 만나본 사람들은 한결같이 작은 몸집이었는데도 불구하고 강한 카리스마 때문에 압도당했다고 고백했다.

박정희의 초등학교 시절 가운데 한 가지 재미있는 사실이 있다. 일본인 교사들도 그를 좋아하고 귀여워했다는 것이다. 야무지고 공부도 잘하는 데다 반장으로서 통솔력이 탁월해서 자습 시간 등에 학우들을 잘 지도했기 때문이다. 예나 지금이나 똑똑하고 공부까지 잘하면 선생님은 예뻐하게 마련이다.

초등학교 시절 누구보다 성공적인 학교생활을 했던 그의 가슴속에는 깊은 상처가 있었다. 바로 지독한 가난 때문이었다. 당시 우리나라 전체 인구의 80퍼센트가 끼니를 걱정해야 하는 형편이었지만 어린 그에게는 냉혹한 현실, 즉 삶과 죽음의 문제였던 것이다. 그는 성장 후 군인 시절과 결혼해서까지도 가난으로 고통받아야 했다. 그렇다. 가난은 그에게 치유할 수 없는 깊은 생채기를 남겼다. 그래서 그는 종종 공식적인 자리의 연설이나 저작에서 "가난은 나의 스승이다"라는 말로 고통스러웠던 과거를 회상했다.

언젠가 그는 측근들에게 자신이 겪은 가난에 대해 다음과 같이 털어놓기도 했다.

"어느 해 추석 전날이었지. 학교에서는 내일이 추석 명절이라고 오전 수업만 하고 학생들을 집으로 보내주었다. 마을에 들어서니 떡을 치고 전 부치는 구수한 냄새가 온 마을에 진동했다. 하지만 정작 우리 집에 들어서자 전혀 음식을 장만하는 기미가 보이지 않던 그날의 냉랭하던 정경이 지금도 잊히지 않는다."

당시 한 달 수업료는 60전이었다. 많은 액수는 아니었지만 농촌에서 매월 납부하는 것은 적지 않은 부담이었다. 그래서 수업료를 낼 때면 정희의 어머니는 한 푼 두 푼 모아둔 1전짜리 동전, 5전, 10전짜리 주화를 그의 손에 쥐여주곤 했다. 간혹 쌀을 몇 되씩 판 돈과 계란을 판 돈을 모아두었다.

학용품을 살 돈이 없는 날에는 박정희의 손에 돈 대신 계란을 몇 개 주곤 했다. 계란을 학교 앞 문방구에 들고 가면 주인은 계란을 이리저리 흔들어보고 나서 상하지 않았다는 것을 확인한 후 계란 1개에 1전씩 값을 쳐서 연필이나 노트와 교환해주었다.

지금도 힘든 형편 때문에 학교 수업료를 제때 내지 못하는 학생들이 있다. 그들의 심정은 누구보다 내가 잘 안다. 나 역시 학창시절을 떠올리면 수업료와 관련된 감추고 싶은 부분이 있기 때문이다. 우리 집은 내가 중학교 졸업할 때까지 생활보호대상자였다. 그래서 다른 학생들보다 소액의 수업료만 냈던 것으로 기억한다. 그럼에도 자주 밀려서 내곤 했는데, 수업 시간에 수업료를 내지 않은 학생들의 명단을 부를 때 정말 창피했다. 수업료를 내기 위해 서무과에 갔을 때 불친절한 태도에 또 한

번 상처를 받아야 했다. 당시 나는 어린 마음에 '내가 생활보호대상자라서 수업료를 적게 내서 그러는 걸까?' 하는 생각이 들었다.

그리고 또 하나 기억나는 것이 있다. 생활보호대상자로 지정된 사람은 병원에 가면 치료비가 무료다. 그러나 무료라고 해서 무조건 기분 좋은 것만은 아니다. 비생활보호대상자의 건강보험증과 생활보호대상자의 건강보험증 색깔이 구분되어 있었기 때문이다. 그래서 나는 병원에서 건강보험증을 내밀 때마다 창피한 마음이 들었는데, 그때마다 가난이 죽도록 싫었던 기억이 난다. 그나마 동네에 우리 집 외에도 여러 가정이 생활보호대상자여서 약간은 위안이 되었다.

학창시절 내가 가난을 수치스럽게 생각했듯이 어린 박정희 역시 그랬다. 늘 일등으로 성적이 우수하고 반장이었지만 가난 때문에 열등감에 시달려야 했다. 특히 점심시간에 심했다. 보통 아이들의 도시락은 보리밥이 약간 섞인 쌀밥이었지만, 그의 도시락에는 언제나 좁쌀에 보리가 반쯤 섞인 밥이 담겨 있었다. 아이들은 도시락에 담겨 있는 쌀과 보리밥의 비율 차이로 박정희의 집이 가난하다는 것을 알 수 있었다.

그러나 보리밥 도시락마저 싸오지 못하는 날이 허다했다. 그런 날에는 다리가 불편한 이준상이라는 친구의 집으로 가서 밥을 얻어먹었다. 이준상은 부잣집 아들이었지만 다리가 불편한 탓에 친구들에게 놀림과 괴롭힘을 당했다. 그때마다 박정희는 아이들로부터 이준상을 지켜주었다. 어쨌거나 자존심이 강한 박정희에게 있어 친구의 집에서 밥을 얻어

먹는 일은 지울 수 없는 상처였다.

　가난은 박정희에게 깊은 상흔을 남겼다. 하지만 그럼에도 불구하고 그는 어머니의 극진한 모성애로 누구보다 행복한 학창시절을 보냈다. 사실 경제적으로 부유한 집에서 자란다고 해서 모두 행복한 것은 아니다. 그들 나름대로 고민이 있게 마련이다. 무엇보다 중요한 것은 박정희는 열등감 속에서도 '나'를 드러냈다는 것이다. 사실 대부분의 사람들이 박정희와 같은 처지였다면 기가 죽어 존재감 없는 인물로 전락하고 만다. 그러나 그는 그렇지 않았다. 오히려 특유의 강한 리더십으로 자신보다 체구가 좋고 나이가 있는 학우들까지 통솔했다.

　어쩌면 그는 작은 체구와 가난으로 인한 열등감을 극복하기 위한 방편으로 스스로를 강하게 무장한 것은 아닐까? 그는 자신보다 유리한 조건에 있는 친구들을 이기기 위해선 스스로 강해지고 몇 배로 더 노력해야 한다는 것을 깨달았을 것이다.

　만일 그가 부유한 집안에서 건장한 몸과 건강을 갖고 태어났다면 어땠을까? 그런 상황에서도 강한 카리스마를 지닐 수 있었을까?

학교 꼴찌도
최고의 리더가 될 수 있다

언젠가 강연장에서 잠시 박정희 대통령에 얽힌 한 일화를 소개하면서 사람들에게 이렇게 질문을 던졌다.

"과거에 박정희 전 대통령이 교사로 재직했다는 사실을 알고 있는 분계십니까? 그렇다면 손 한번 들어주세요."

강연장을 찾은 백오십 명 가운데 열 명 남짓한 분들이 손을 들었다. 나머지는 의외라는 표정으로 고개를 갸웃했다. 그렇다. 많은 사람들은 박정희가 청년 시절, 문경공립보통학교 교사로 근무했다는 것을 알지 못한다. 다만 그가 군인으로 복무하다가 군사쿠데타를 일으켜 대통령이 되었다는 사실만 기억하고 있을 뿐이다.

그러나 나는 박정희의 부정적인 면보다 긍정적인 면에 초점을 맞추고자 한다. 모든 인간에게는 두 가지 면이 있기 마련이다. 따라서 나는 그가 걸어왔던 긍정적인 면에서 성공 씨앗을 찾기 위해 노력했다. 그러할 때 지금보다 나은 미래를 창조할 수 있다고 믿기 때문이다.

　나는 박정희가 대구사범학교를 졸업하고 교사가 된 데는 어느 정도 운명이 작용했다고 생각한다. 당시 박정희가 다녔던 구미보통학교는 1920년에 개교한 이래 1932년까지 대구사범학교에 단 한 사람의 합격자도 배출하지 못하고 있었다. 그래서 교사들은 야무지고 똑똑한 박정희가 대구사범학교에 갔으면 하고 은근히 바랐다. 시간이 흐르면서 그들은 바람을 넘어 실제로 그가 대구사범학교에 응시하도록 권했다. 만일 박정희가 대구사범학교에 합격한다면 구미보통학교에서는 이보다 더 큰 경사는 없을 터였다. 물론 박정희도 대구사범학교에 나쁜 이미지를 가지고 있었던 것은 아니다. 당시 대구사범학교에 입학한다는 것은 일류 학교를 다닌다는 강한 자부심을 가질 수 있었기 때문이다.

　그러나 그가 대구사범학교에 응시하는 것에 대해 어머니의 반대가 심했다. 많은 식구의 하루 끼니를 때우기도 벅찼던 터라 학비를 감당할 수 없었기 때문이다. 하지만 가장 아끼는 막내의 가슴에 평생 한을 남겨선 안 되겠다는 생각에 마지못해 승낙했다.

　박정희는 다른 6명의 학생과 함께 방과 후에 교사들로부터 특별수업을 받았다. 교사들은 어떻게든 한 명이라도 대구사범학교에 합격시키기 위해 열과 성을 다해 지도했다. 그 결과 박정희는 885명이 응시하고, 100명이 합격한 가운데 51등으로 합격했다.

　그러나 합격의 기쁨도 잠시였다. 시간이 지나면서 그는 한 번도 경험해보지 못한 낯선 세계에 부딪혀야 했다. 그곳에서는 조선 학생과 일본 학생에 대한 차별이 심했는데, 그때마다 그는 심한 열등감과 좌절감을 맛봐야 했다. 당시 일본 학생은 조선 학생에 비해 대부분 열등했지만 학교생활에서 우대를 받았는가 하면, 졸업 후에는 60퍼센트나 많은 월급을 받았던 것이다.

어쨌거나 사범학교를 다녔던 학생들은 좋은 시설은 물론, 졸업 후 교사라는 안정적이고 존경받는 직업을 가질 수 있었다. 당시 일본은 명치유신 이후 일본인들을 선진 시민으로 교육시키기 위한 방편으로 교사를 양성하는 사범학교 육성에 총력을 기울이고 있었기 때문이다.

박정희는 사범학교 시절 겪은 열등감과 좌절감으로 고통스러웠다. 그의 힘들었던 모습은 구미보통학교 시절 성적과 비교하면 잘 나타나 있다. 보통학교 시절 늘 일등을 도맡아 했던 그는 사범학교에서는 해를 거듭할수록 성적이 곤두박질쳤다.

1학년 시절, 97명 중 60등
2학년 시절, 83명 중 47등
3학년 시절, 74명 중 67등
4학년 시절, 73명 중 73등
5학년 시절, 70명 중 69등

그의 성적은 완전 바닥이었다. 우등생에서 열등생으로 바뀐 것이다. 성적만 나빴던 것이 아니었다. 학교생활 역시 좋지 않다. 당시 생활기록부를 살펴보면, 품행을 의미하는 조행(操行) 평가는 5년 동안 '양, 양, 양, 가, 양'이었다. 담임을 맡았던 교사가 내린 평가 역시 낮았다. 1학년 때 '보통'이다가 2학년 때는 '음울하고 빈곤한 듯함', 3학년 때는 '빈곤, 활발하지 않음, 다소 불성실', 4학년 때 역시 '불활발, 불평 있고 불성실', 급기야 5학년 때는 평가란이 공란이다.

그는 결석도 잦았다. 2학년 10일, 3학년 41일, 4학년 48일, 5학년 41일로 결석을 밥 먹듯이 했다. 그러나 박정희가 장기 결석을 한 데는 나름의 사정이 있다. 기숙사비를 마련하기 위해 고향에 가서 돈이 마련될 때까지 기다려야 했기 때문이다.

당시 대구사범학교에는 지금과 같은 장학금 제도가 있었다. 40등 이내에 드는 학생들에게는 매달 7원의 관비를 지급했던 것이다. 당시 7원은 큰 액수는 아니었지만 그렇다고 적은 액수도 아니었다. 7원이면 쌀 반 가마니를 살 수 있는 값이었다. 학생들은 식비로 4원 50전을 내고 기타 기숙사 부대비용으로 2원가량을 냈다. 따라서 7원으로 풍족하지는 못해도 학업을 하는 데 어려움은 없었다.

그렇다면 왜 박정희는 열심히 공부해 관비를 받지 않았던 것일까? 공부 머리가 없어서일까? 그렇지 않다. 그는 비록 가난한 부모님 아래서 태어났지만 공부 머리 하나만큼은 타고났다. 그가 공부를 못했던 것은 공부를 안 했기 때문이다. 공부와 담을 쌓았기 때문이다. 학교 교육이념이 천황 절대 숭배로 시작해 신격화로 끝나는 것이 당시 학교 분위기였다. 여기에다 사범학교 교육 내용도 공부를 안 한 이유로 꼽을 수 있다.

당시 사범학교는 체육과 예능 등에 대부분의 시간이 쏠려 있는 전인교육과 기숙사 제도를 시행했다. 따라서 군인의 꿈을 품었던 박정희는 자신의 능력을 제대로 발휘할 수 없었던 것이다.

그러나 학업에서는 꼴찌였던 그도 교련 수업만큼은 발군의 실력을 보여주었다. 그 시간에는 그가 소대장이었던 것이다. 그는 교련 주임인 아리카와 중좌의 총애를 받았다. 아리카와는 총검술을 가르칠 때 박정희를 시범 조교로 해 대신 가르치게 했다.

그는 교련 수업 외에도 나팔과 검도, 복싱, 육상을 좋아했다. 사범학교 시절 동급생 가운데 그보다 나팔을 잘 부는 학생은 없었다. 그는 고향에 내려갈 때도 나팔을 들고 가 새벽마다 불곤 했다. 초등학교 시절 체구가 작았던 그는 사범학교 시절 다양한 운동으로 체력을 키웠고, 그 결과 건강을 찾았다. 그의 검도 실력은 상당한 수준으로 타 학교 학생들과의 패싸움에서 위력을 발휘했을 정도다.

좌절감 속에서 대구사범학교를 졸업한 그는 1937년 4월, 문경공립보통학교 교사로 부임했다. 스무 살의 나이에 월급 45원을 받는 교사가 된 것이다. 지금도 교사라는 직업은 알아주지만 그때는 지금보다 인기가 더 좋았다. 그의 집안에서는 이제 가난을 좀 면할 수 있겠다는 생각에 큰 기대를 걸었다. 그의 고향에서는 '개천에서 용났다'는 소문이 무성했다.

조선 학생과 일본 학생 사이의 심한 차별 등 고통 속에서 사범학교 시절을 보낸 그는 학생들에게 민족혼을 일깨우는 말을 자주 했다.

"전 세계를 얻는다 할지라도 민족이 제정신을 차리지 못하면 죽는 길밖에 없다. 앞으로 10년이 지나면 20세기의 후반기가 된다. 우리는 남을 이길 수 있는 실력을 쌓아야 한다. 아는 것이 힘이다. 알기 위해서는 노력해야 한다."

박정희는 자신은 비록 지독한 가난 속에서 성장기를 보냈지만 학생들의 빈부귀천을 가리지 않았다. 12km나 떨어져 있는 산간벽지까지 자전거를 타고 가정방문을 했다. 이때 그를 본 제자와 학부모는 감격해 눈물까지 흘렸을 정도였다.

특히 그는 부유한 집의 아이들보다 어려운 형편의 아이들을 이해하고 배려할 줄 아는 고운 심성을 지니고 있었다. 이는 자신의 가난했던 성장기와 극진한 어머니의 모성애에서 비롯되었다고 볼 수 있다.

늘 단정한 복장으로 남들보다 출근이 빨랐던 그는 교사생활에 열성적이었다. 자신에게 주어진 일에 최선을 다하기 위해 노력했다. 그는 매일 숙제를 내준 후 철저히 검사하고 평가하는 일을 게을리하지 않았다. 귀찮을 법도 한데 월요일마다 학생들의 공책을 점검하면서 글씨를 바르게 쓰도록 지도해주고 일기와 편지 쓰기를 장려하기도 했다. 사랑과 열성으로 가르쳤기 때문인지 학생들은 그를 존경하면서 잘 따랐다. 그는 교사생활 외에도 종종 마을 청년들을 모아 악단을 만들어 출장 공연을 다녔는가 하면, 학생들을 데리고 뒷산에서 전쟁놀이를 하곤 했다.

박정희는 일본 말을 쓰면서도 항상 자신이 조선인이라는 것을 잊지 않았다. 그는 복도에 한 학생을 보초로 세워 일본인 교장이나 교사가 오는지를 망보게 한 후 학생들에 우리말을 가르쳤다. 그는 "이 글을 잘 배워야 한다", "우리끼리 있을 땐 우리말을 쓰자"고 말하기도 했다.

교사 시절, 박정희는 일본인에 대해 강한 적대감을 가지고 있었다. 동료 교사 야나자와가 '조선놈'이라고 욕하자 의자를 집어던졌던 적도 있다. 그가 기거했던 하숙집 주인도 박정희가 술만 마시면 '일본놈들', '왜놈들' 하며 욕을 일삼았다고 증언한 바 있다.

하루는 박정희가 교무실에서 혼자 사무를 보고 있었다. 그때 일본인 청부업자 한 명이 담배를 물고 교무실로 들어와서는 거만한 자세로 그에게 물었다.

"교장 계신가?"

박정희는 아무런 대꾸도 하지 않았다. 잠시 후 그 일본인은 다시 물었다. 그러자 박정희는 단호하게 말했다.

"당신들이 말하는 내선일체가 진실이라면 어떻게 당신이 내게 그러한 언동을 할 수 있는가? 일등 국민으로 자처하고 싶거든 우선 교양 있는 국민으로 거듭나야지, 담배를 물고 교무실에 들어온 것만 해도 무례하기 짝이 없는데 언동까지 몰상식한 인간이라면 너 같은 사람을 상대하기조차 싫다. 어서 나가봐!"

이 일화를 통해 박정희의 패기와 당당한 기개를 엿볼 수 있다. 사실 그와 같은 기개는 자신의 분야에서 성공한 사람들에게서 쉽게 찾아볼 수 있다. 그들이 한 분야를 집요하게 파고들 수 있는 것 역시 그러한 기개에서 비롯된 것이기 때문이다.

그동안 나는 여러 분야에서 성공한 사람들의 성공 노하우를 분석해 왔다. 그들은 하나같이 확고한 꿈과 목표를 정해놓고 무서울 정도로 집념을 불태웠다. 융자금 300만 원으로 유기농 상추 재배를 시작해 매출 100억 원대의 유기농 기업으로 일군 장안농장 류근모 대표, 베스트셀러 작가이자 성공한 1인 기업가로 꼽히는 공병호 경영연구소의 공병호 박사, 《육일약국 갑시다》의 저자이자 엠베스트 중등부 김성오 대표, "멈추지 말고 10미터만 더 뛰어보라"고 말하는 천호식품 김영식 회장, 습관적으로 자신의 꿈을 자기암시한다는 뮈샤의 김정주 대표 등, 이들은 처음 시작할 때부터 성공한 지금 역시도 자신이 하는 일에 분투하고 있다.

일본에서 '경영의 신'으로 불리는 이나모리 가즈오(稻盛和夫)는 《왜 일하는가》에서 "신이 손을 뻗어 도와주고 싶을 정도로 일에 전념하라. 그러면 아무리 고통스러운 일일지라도 반드시 신이 손을 내밀 것이고, 반드시 성공할 수 있을 것이다"라고 말했다. 그렇다. 최고가 되고 싶다면 지금 하는 일에 혼신의 힘을 다해야 한다. 그래야 성공을 떠나 그 일이 나와 잘 맞는지, 아닌지를 알 수 있다.

지금 스스로에게 '왜 일하는가?'라는 질문을 던져보라. 이 질문에 대한 답을 구하지 않고선 그 일에 전부를 걸 수 없다. 무엇보다 두려운 것은 지금 하는 일에 전부를 걸지 않는 사람은 평생 자신과 궁합이 맞는 일을 찾지 못한 채 메뚜기 신세로 살게 된다는 것이다.

부모 탓, 사회 탓 하는
사람들에게

세상에는 두 부류의 사람이 있다. 최악의 환경에서도 자신의 꿈을 향해 노력하고 도전하는 사람과 반대로 부모 탓, 사회 탓을 하는 사람이다. 자신의 분야에서 일가를 이룬 사람들은 하나같이 전자들이었다. 그들 가운데 대구에서 중소기업을 운영하는 박 사장님의 말이 아직도 귀에 생생하다.

"물론 그동안 많이 힘들었지요. 하지만 제가 어렵고 힘들었기 때문에 이 악물고 성공하기 위해 노력할 수 있었습니다. 가슴속에는 항상 저도 반드시 성공해서 남부럽지 않게 살겠다는 강한 열망으로 가득했습니다. 지금 생각해보면 많이 부족했던 환경이 지금의 저를 만들었다는 생각이 듭니다. 그래서인지 젊은 직원들에게 자주 '젊어서 고생은 사서도 한다'는 말을 하게 됩니다."

그러나 후자인 부모 탓, 사회 탓을 하는 사람들은 시간이 흐를수록 더욱더 힘들어진다. 자신이 실패하는 원인을 자꾸만 남 탓으로 돌리다 보니 발전이 없다. 요즘과 같이 치열한 경쟁 속에서 발전이 없으면 퇴보만 있을 뿐이다.

예전에 들은, 가난을 극복하기 위해 지독하게 노력한 끝에 성공한 주부의 이야기가 생각난다. 이야기 속의 주인공은 남편의 사업이 부도나면서 월세를 살게 되었는데, 그 집마저 경매로 넘어가고 말았다. 그런데 엎친 데 덮친 격으로 경매받은 사람과 합의가 되지 않아 살림살이를 대문 밖에 2개월이나 방치해야 했다.

그녀는 결국 이사할 돈이 없어 살림살이를 그대로 방치한 채 어렵게 마련한 돈으로 아직 어린 아이들과 함께 고시원에 들어갔다. 자식들을 굶길 수 없다는 생각에 새벽에 일어나 광고 홍보물을 붙이는 아르바이트를 하면서 힘겹게 생계를 이어나갔다.

그러던 어느 날 홍보물을 붙이고 다니던 중에 우연히 한 공인중개사를 만나게 되었다. 그 공인중개사는 그녀의 안타까운 모습을 보고 공인중개사무소에서 함께 일하자는 제안을 했다. 게다가 급여 90만 원과 수당이 별도로 있다는 것이었다. 그렇게 한순간에 그녀에게 직장이 생긴 것이다.

그녀는 아이들을 어린이집에 맡겨놓고 새벽 5시에 일어나 밤 11시까지 부동산 광고물을 벽에 붙이고 다녔다. 이런 노력 덕분에 출근 한 달 만에 고객층이 형성되면서 빌라를 많이 팔 수 있었다. 전월세 역시 덤으로 계약이 이루어지면서 가정형편은 조금씩 나아졌다. 특히 뉴타운 바람이 불면서 하루에 작은 빌라 3건의 계약을 성사시킨 일도 있었다. 그녀는 치열하게 일하면서도 공인중개사 자격증을 따기 위해 밤낮없이 공부했다. 그리고 마침내 공인중개사 시험에 합격했다.

2년 후 그녀는 그동안 힘들게 모은 돈으로 공인중개사무소를 개업했다. 그리고 직원들은 예전에 자신이 그랬듯이 좌절하거나 어려운 처지의 사람들만 골라 채용했다. 그들 역시 시간이 지나면서 많은 매출을 올리고, 돈을 벌기 시작했다. 이 이야기 속의 주인공은 공인중개사업을 통해 큰돈을 벌었는가 하면, 사업을 시작한 지 8년 만에 강남 타워팰리스에 입주했다.

물론 사람에 따라 도저히 발버둥 칠 수 없는 상황에 내몰린 사람도 있다. 하지만 그렇더라도 지금보다 더 잘살기를 포기해선 안 된다. 포기하는 순간, 힘든 처지의 원인을 자신에게서 찾기보다 외부에서 찾으려는 거지 근성이 생겨난다. 이는 그 사람이 못나서가 아니라 사람은 원래 이기적이기 때문이다. 그동안 내가 만났던 성공자들은 보통의 사람들은 경험해보지 못할 정도의 절망적인 상황에 놓인 적도 많다. 그러나 그들은 그런 절망적인 상황에서도 자신의 꿈을 놓지 않았다. 오히려 그 꿈을 실현하기 위해 온몸이 부서져라 치열하게 일했다. 그들의 성공담을 들어보면 성공의 크기가 클수록 시련과 역경의 크기 또한 크다는 것을 뼈저리게 느끼게 된다.

박정희 역시 순탄한 인생을 살았던 것은 결코 아니다. 어찌 보면 그의 인생길은 세상을 떠나는 날까지 가시밭길과 같았다. 하지만 그는 언제나 지금보다 더 나은 자신, 미래, 나라를 꿈꾸며 헌신했다. 그 과정에서 박정희의 치열한 노력과 시련보다 더 큰 꿈을 발견할 수 있다.

교사로 근무하던 박정희는 어느 날 군인이 되겠다는 결심을 하게 되었다. 그가 왜 군인이 되고 싶었는지 분명한 이유는 알 수 없다. 혹자는 그가 일본인 교장과 크게 다투고 군대에 입대했다고 말한다. 이는 신빙성이 없는 말이다. 다만, 그가 소년기에 이순신과 나폴레옹의 전기를 읽으면서 군인의 꿈을 키웠던 것은 사실이다. 그리고 교사 생활을 하면서 교사의 꿈을 구체화시켜놓았다.

박정희는 자주 학생들에게 "넌 커서 뭐가 되고 싶니?"라고 물었다. 그러면 학생은 "선생님은 이다음에 뭐가 되고 싶습니까?"라고 반문했다. 박정희는 미소 지으며 "나? 나중에 봐라. 나는 대장이 될 거다. 전장에 나가서 용감하게 싸워 이기는 대장이 될 거다"라고 대답했다. 당시 그는 '경찰보다 군인이 더 힘이 세다'는 사고방식을 가지고 있었다.

박정희는 1939년에 이미 만주군관학교의 시험을 보기 위해 준비하고 있었다. 원래 그는 일본 육군사관학교에 가고 싶었다. 그러나 나이 때문에 지원할 수 없었던 탓에 어쩔 수 없이 만주군관학교에 갈 수밖에 없었다.

하지만 만주군관학교 역시 나이 초과로 지원 대상자에서 제외되었다. 그때 이 문제를 동료 교사 유증선과 고민했다. 그리하여 고향에 내려가 호적의 나이를 한 살 낮추면서 고민은 해결되었다. 그럼에도 안심이 되지 않아 만주군관학교 사람들에게 확실한 눈도장을 찍기 위해 혈서까지 쓰기로 마음먹었다. 그는 면도칼로 새끼손가락을 베어 '진충보국 멸사봉공(盡忠報國滅私奉公)'이라는 여덟 글자와 함께 만주군관학교에 꼭 입학하고 싶다는 내용의 편지를 사범학교 시절 자신을 아껴주었던 교련 주임인 아리카와 중좌에게 보냈다. 아리카와의 도움으로 박정희는 만주군관학교 시험을 볼 수 있는 자격을 얻었다. 이 혈서로 인해 박정희는 훗날 친일파 논란에 휩싸이게 된다. 하지만 지금 내가 여기서 말하고자 하는 것은 암담한 현실을 극복하고자 했던 그의 도전정신이라는 것을 밝혀둔다.

그가 만주군관학교 시험을 본다는 말에 가족들은 일제히 뜯어말렸다. 당시 박정희는 곧 일본이 패망한다는 것을 알지 못했던 것 같다. 만일 알았다면 만주행과 군인의 길을 택하지 않았을 것이기 때문이다. 어쨌든 고집이 세고 민족 성향이 강했던 그는 만주행을 택했다. 당시 그의 가슴속은 장군이 되고 싶다는 열망으로 가득 차 있었기 때문이다.

1940년 4월, 박정희는 240명 합격자 가운데 15등으로 만주군관학교 제2기생으로 입교했다. 그가 속한 2기생은 만주계 240명, 일계 240명으로 구성되어 있었다. 박정희와 같은 조선인 11명은 만주계에 속했다. 그가 부임지였던 문경을 떠날 때 동네 유지들과 학부모, 제자들이 버스 정류장까지 따라 나와 전송했다.

4년제인 일본 육군사관학교와는 달리 만주군관학교는 2년제였다. 박정희를 연구한 학자들 중에 그가 조국 근대화와 경제개발계획을 추진할 수 있었던 원동력이 만주군관학교에서 시작되었다고 말하는 이들이 많다. 왜냐하면 당시 만주국은 일본 관동군이 독립적으로 만든 신개척지로 붉은 노을에 물든 수수밭이 끝도 없이 펼쳐져 있었는가 하면, 폭이 100m나 되는 대로를 중심으로 신경시가 건설되고 있었다. 또한 만주 철도와 거대한 산업 시설이 속속 들어서고 있던 터여서 박정희에게 이런 눈부신 발전의 이미지들은 충격이었다. 그런 이미지들의 영향으로 훗날 경제개발계획을 통해 대한민국 역시 만주국처럼 눈부신 발전을 이룰 수 있다고 믿었을지 모른다.

오늘날의 육군사관학교 생활도 혹독하지만 과거 만주군관학교 생활은 처참할 정도로 혹독했다. 무엇보다 박정희를 힘들게 한 것은 민족적 차별이었다. 공식적인 식사에서도 일본인 생도들에게는 쌀밥, 중국과 조선인 생도들에게는 수수밥을 주었다. 게다가 조선인 생도들은 중국인 생도들에 비해 수적으로 열세여서 민족적 차별이 심했다. 당시 선후배 간에 군기를 잡기 위한 구타가 심했는데, 박정희는 선배들에게 반항하지 않고 순순히 매를 맞음으로써 선배들과 친하게 지냈다. 그는 좌익과 우익이 공존하고 있는 만주군관학교에서 두 세계를 모두 경험할 수 있었다.

박정희는 혹독한 훈련 가운데서도 만주군관학교 2년 과정을 우수한 성적으로 마쳤다. 우등상을 받은 5명의 명단에 그의 이름과 두 만주계 생도의 이름이 들어 있었다. 당시 그는 만주계 생도 중 수석을 한 덕분에 부상으로 금시계를 받았다. 하지만 축하해주는 가족이 아무도 없다는 생각에 눈물을 꾹 눌러 참아야 했다.

그 후 박정희는 1942년 10월, 일본의 육군사관학교 본과 3학년에 유학생으로 편입했다. 일본 육사 시절 그는 자주 동기생들에게 이런 말을 했다.

"우리는 독립해야 한다. 독립이란 혼자 사는 것이다. 남의 간섭을 받지 않고 우리 스스로 사는 것이다."

그는 만주군관학교 때와는 달리 일본 생도들과 동등한 대우를 받으며 교육을 받았다. 그는 생도들 가운데 3등이라는 우수한 성적으로 졸업했다.

박정희는 일본 육군사관학교를 졸업한 해인 1944년 7월 1일, 관동군 636부대에 배속되었다. 그리고 다시 만주군 보병 제8단에서 소대장을 마쳤다. 그 후 단장 부관으로 근무하다 해방이 되자 1946년 5월 6일 중국 청진항에서 미국 상륙용 함정을 타고 귀국했다.

군복을 벗고 민간인 신분으로 귀국한 박정희는 잠시 고향에 머물다 다시 새로운 도전을 시작한다. 1946년 9월 조선경비사관학교 2기생으로 입학한 것이다. 만군, 일군에 이은 세 번째로 입는 군복이었다.

박정희의 사관학교 시절 이야기는 이쯤에서 마치기로 하자. 박정희뿐 아니라 성공한 사람들의 발자취를 통해 세상의 모든 성공은 도전으로 이루어진다는 것을 알 수 있다. 그들은 쉬운 길을 갈 수도 있었지만 그 길을 택하지 않았다. 쉽고 편한 길은 죽은 길이기 때문이다. 당장은 안락할지 모르나 어느 순간에 벼랑 아래로 떨어질지 모른다.

　박정희 역시 정해진 운명대로 걸어가지 않았다. 가족들의 강한 만류에도 불구하고 만주행을 택했고, 처절하리만치 혹독했던 과정 속에서 내면에 잠들어 있던 잠재력을 조금씩 깨달을 수 있었다.

　그동안 많은 성공자들을 인터뷰하면서 나는 상대가 성공할 사람인지, 아닌지 어느 정도 판별할 수 있는 안목을 갖추게 되었다. 판별하는 기준은 간단하다. 지금 처지에 대해 남 탓을 하며 쳇바퀴 도는 생활을 하는지, 아니면 자기 탓을 하며 부단히 자기계발을 하는지를 보면 알 수 있다. 자, 그렇다면 당신은 어떤 부류의 사람인가?

CHAPTER Two

지금 서 있는 곳에서 시작하라

시련을 역이용하라

사람은 누구나 살다 보면 시련에 처하게 된다. 박정희 역시 그랬다. 1948년 10월 19일 전남 여수, 순천 지역 군인들이 반란을 일으켰다. 정부는 즉각 반군토벌사령부를 설치하고 진압군을 투입시켰다. 교전이 이루어지는 과정에서 여수 시내가 불탔고 수천 명이 죽고 부상을 당했다.

이때 박정희는 반군토벌사령부에 참여해 정보장교로서 보고서 작성하는 일 등을 맡았다. 그런데 얼마 후, 과거 그가 남로당에 가입한 것이 문제가 되었다. 그는 여순 반란이 진압된 후 서울로 올라와 육군본부 작전교육국 과장 요원으로 발령받았다. 1948년 11월 11일, 군인으로서 충실히 커리어를 쌓아가던 그는 철퇴를 맞았다. 채병덕 국방부 참모총장의 명령에 따라 군 수사팀에 체포되어 남산 기슭에 있는 헌병대 영창에 수감된 것이다. 그는 그곳에서 말로 표현하지 못할 모진 전기 고문을 받으며 취조를 받았다. 강심장이었던 그였지만 이러다간 죽을 수도 있겠다는 생각이 들기도 했다.

박정희는 고민 끝에 자신의 잘못을 시인하는 자술서를 적었다. 과거 순간의 감정을 제어하지 못해 남로당에 가입한 자신이 너무나 후회스러웠다. 이 사건을 통해 그는 정치적 신념에 뿌리를 둔 공산주의자가 아니라는 것을 알 수 있다. 자술서를 써내려가면서 그는 다시는 이런 어리석은 짓을 하지 않겠다고 다짐했다. 이때 그는 함께 남로당에 가입했던 동료들의 이름을 밝혔는데, 이는 그의 인생 최대의 오점으로 남았다.

박정희는 이렇게 인생을 끝내고 싶지 않았다. 그래서 지푸라기라도 잡는 심정으로 수사책임자인 백선엽 정보국장과의 면담을 요청했다. 백선엽은 만주군관학교의 전신인 봉천군관학교 출신으로 그가 자신을 구명해줄 수 있다는 생각에서였다. 박정희는 고문 등으로 초췌했지만 당당한 모습을 잃지 않았다. 백선엽은 그의 눈빛에서 생에 대한 의지를 느낄 수 있었다.

그는 백선엽에게 절대 무죄 혹은 억울하다는 식의 변명을 하지 않았다. 과거 자신의 잘못을 인정하고 선처해달라고 부탁했다. 그렇게 인간적으로 호소한 것이다. 그의 호소가 결국 백선엽의 마음을 움직였다. 잠시 침묵하던 백선엽은 박정희에게 "네, 도와드리지요" 하고 구명을 약속했다.

여기에서 우리는 죽음 앞에서도 당당한 박정희의 면모를 엿볼 수 있다. 시련보다 더 큰 용기의 소유자라는 말이다. 사실 시련과 역경 앞에서 굴하는 사람들은 의지가 약한 편이다. 약한 의지로는 절대 치열한 경쟁의 세상 속에서 최고가 될 수도, 생존할 수도 없다. 성공한 이들의 성공담을 들어보면 벼랑 끝에 섰어도 절대 흔들리지 않았다는 것을 알 수 있다. 흔들리는 순간 끝장나기 때문이다.

백선엽이 선뜻 박정희의 구명에 나선 것은 여태 그가 쌓아온 자산 덕분이었다. 박정희는 군 내에서의 평판이 좋았을 뿐 아니라, 만주군관학교 수석졸업에 이어 일본육군사관학교까지 우수한 성적으로 졸업한 엘리트였기 때문이다. 게다가 그를 향한 후배들의 존경심, 연륜이 그를 '큰 그릇'이라는 평가를 받게 했다.

백선엽은 적극적으로 박정희의 구명운동을 펼쳤다. 박정희는 군 검찰의 사형 구형에 이어 1949년 2월 8일, 군사법정에서 종신형을 선고받았는데, 이때 정보국 부국장 김안일 소령과 김창룡 대위가 가세해 그들은 연대 보증인으로 다른 지지자들을 규합했다. 전부 박정희와 관동군 시절부터 인연을 맺어온 사람들이었다. 그들의 노력 덕분에 박정희는 12월 10일, 체포된 지 한 달 만에 석방될 수 있었다. 당시 군사법정에서 함께 형 선고를 받았던 69명 가운데 만주군관학교 출신으로 박정희와 가까웠던 최남근은 이듬해 5월, 형장의 이슬로 사라졌다. 박정희가 죽음을 눈앞에 둔 상황에서 극적으로 살아났다는 것을 알 수 있다.

가까스로 목숨은 건졌지만 그에게는 또 다른 시련이 기다리고 있었다. 육군본부로부터 정식 파면 통보를 받은 것이다. 그는 비공식 문관으로 근무해야 했다. 이때 백선엽 정보국장은 기밀비에서 매달 조금씩 떼어 그에게 월급을 주었는가 하면, 지프차도 쓸 수 있도록 배려했다. 그는 계급도 없이 비공식적으로 문관 업무를 보면서 굴욕을 느꼈지만 참아야 했다. 이곳을 나서면 더 이상 자신이 기댈 곳은 아무 데도 없다는 것을 잘 알았기 때문이다.

1948년에서 1950년, 2년 사이 박정희는 인생에서 가장 큰 시련을 겪었다. 그러나 그 시기는 죽었다 다시 살아난 만큼 앞으로 인생을 어떻게 살아야 할지 깊이 생각해보는 계기가 되었다.

여기서 짚고 넘어가야 할 부분이 있다. 그의 남로당 가입 문제다. 사실 그가 좌익성향이 있어 남로당에 가입한 것은 아니었다. 가입의 발단은 셋째 형 박상희의 죽음 때문이었다. 당시 박상희는 〈동아일보〉의 구미지국장 겸 주재기자이면서 신간회 간부였다. 그는 '건국 준비위원회 구미지부' 간판을 내걸고 마을 청년들을 이끌었다. 또한 구미초등학교에 주둔 중이던 일본 군인들의 무장해제와 신탁통치 반대 시위를 지휘하기도 했다.

이 과정에서 박상희를 죽음으로 이끄는 구미폭동이 일어났다. 발단은 "면사무소에서 오늘 쌀을 나누어 준다더라"는 근거 없는 뜬소문 때문이었다. 이 소문을 듣고 사람들은 구미면사무소로 우르르 달려가 쌀을 달라고 요구했는데, 흥분한 주민들 사이에 좌익들이 가세해 쌀 창고를 탈취했다. 이때 박상희는 사람들을 이끌고 선산경찰서와 면사무소를 점령한 다음 우익 유지들을 잡아들였다.

다음 날 충청도 경찰병력을 태운 트럭 두 대가 구미역에 도착하지만 박상희가 이끄는 청년들의 대응사격으로 대구 쪽으로 물러갔다. 그리고 며칠 후 충청도 경찰병력은 다시 군용트럭을 타고 구미로 들어와 치열한 교전이 일어났다. 이때 사람들은 선산경찰서 서장실로 뛰어들어 사태의 심각성을 전했다.

하루 전에 석방되었던 경찰서장과 유지들이 박상희에게 말했다.

"자네는 도망가지 말게. 우리 생명을 구해준 사람이니까 우리가 보증을 서겠네."

그러나 시간이 지날수록 총소리는 점점 더 가까이에서 들렸고 이내 경찰서로 진입하는 소리가 들렸다. 겁에 질렸던 박상희는 창문을 통해 몸을 날렸다. 그 순간 경찰들이 들이닥쳤고 논바닥으로 기어가고 있는 그를 향해 집중사격을 가했다. 당시 박상희의 나이 마흔두 살이었다.

평소 존경했던 셋째 형의 죽음은 박정희에게 큰 충격이었다. 그는 형이 우익경찰과 그 배후인 미군 때문에 죽었다고 생각했다. 그때까지 사상 문제에 있어 중립을 지켰던 그는 서서히 좌익으로 기울기 시작했고 급기야 남로당에 가입하게 되었다. 형의 죽음 때문에 우익 세력에 화가 나 남로당에 가입한 것이지 공산당을 찬양해서가 아니었다. 결국 그때 남로당에 가입한 것이 그의 목을 조이게 된 것이다.

러시아의 대문호 도스토예프스키(Dostoevskii) 역시 박정희와 비슷한 상황에 처했던 적이 있다. 1849년 봄, 페트라셰프스키(Petrashevsky) 사건에 연좌되어 다른 서클 회원과 함께 체포되고 사형선고를 받았던 것이다. 그러나 사형 집행 직전, 황제의 사면특사로 죽음을 면했고, 시베리아로 유형되어 4년간의 중노동, 4년간의 군대복무로 감형되었다. 시베리아의 옴스크 감옥에서 지낸 4년간의 생활은 그가 인도주의자·공상적 혁명가에서 변모해 슬라브적인 신비주의자·인종사상의 제창자로 사상적 변화를 이루게 해준 계기가 되었다.

누구나 시련을 겪는다. 하지만 자신에게 닥친 시련을 역이용할 수 있어야 한다. 우리 인간은 편안하고 안정적인 생활 속에서는 자신의 잠재력을 극대화할 수 없다. 모든 것이 편안한데 굳이 그런 초능력을 발휘할 필요성을 못 느끼기 때문이다. 그러나 시련에 처하게 되면 문제는 달라진다. 이틀 동안 한 끼도 먹지 못했다면 강한 허기로 인해 눈이 뒤집힌다. 그리고 어떻게든 살기 위해 먹을 것을 궁리하게 된다. 성공도 마찬가지다. 자신의 분야에서 성공하기 위해서는 어느 정도 시련과 역경이 필요하다. 우리는 시련과 역경을 극복하는 가운데 성장할 뿐 아니라 근성이 생기기 때문이다.

애플신화에서 3D애니메이션, 맥북, 아이폰, 아이패드 등 전자제품 시장까지 석권한 세계 제1의 창의적 CEO이자 많은 젊은이들의 우상인 스티브 잡스(Steve Jobs). 그는 스무 살에 세계 최초의 개인용 컴퓨터를 개발해 스물다섯 살에 백만장자가 되었다. 그런 그에게도 뼈아픈 시련들이 있었다. 그런 시련들이 그를 있게 한 동인이라고 할 수 있다.

스티브 잡스는 전자공학의 작은 천재 스티브 워즈니악(Steve Wozniak)과 함께 작은 차고에서 애플을 설립했다. 당시 스티브 잡스는 스물한 살의 어린 나이였지만 비전을 갖고 있었다. 그는 당시의 인텔 마케팅 담당 이사였던 마이크 마큘라(Mike Makkula)를 설득해 투자를 받은 후 애플을 주식회사로 발전시켰다. 그 후 애플은 증시에 상장되었고, 상장되자마자 스티브 잡스는 백만장자가 되었다.

그러나 그는 자기중심적이고 독단적인 성격으로 인해 30대의 나이에 자신이 설립한 회사에서 쫓겨나고 말았다. 그 후 그는 좌절하지 않고 더욱 노력했다. 그리하여 세계 최초의 3D애니메이션 〈토이 스토리〉와 아이맥, 아이패드로 화려하게 재기해서 성공 신화를 창조했다.

당시 애플의 CEO였던 길 아멜리오(Gil Amelio)가 실적 부진의 책임을 지고 물러나는 일이 발생했다. 그러자 스티브 잡스는 비공식 임시 CEO로서 사실상 CEO 역할을 맡게 되었다. 그리고 1998년 10월, 애플은 3년 만에 흑자 전환에 성공했다. 그리고 2000년 1월, 그는 공식적인 CEO가 되었다.

스티브 잡스는 2005년 6월 12일, 스탠포드 대학 졸업식 축사에서 이렇게 말했다.

"저는 서른 살에 회사에서 쫓겨나게 되었죠. 저는 인생의 방향을 잃어버렸고 아주 참담한 심정이었습니다. 몇 개월 동안 아무것도 할 수 없었습니다. (…) 비록 해고당했지만 제 일을 아직 사랑하고 있었죠. 저는 다시 시작하기로 했습니다. 그때는 몰랐지만 애플에서 해고당한 것은 제 인생 최고의 선물이었습니다. 애플에서 나오면서 성공에 대한 중압감을 다시 시작할 수 있다는 가벼움으로 대체할 수 있었기 때문입니다.

만일 제가 애플에서 해고당하지 않았다면 이 모든 일은 일어나지 않았을 겁니다. 몸에 좋은 약은 입에 쓰다고 하지요. 아마 제가 약이 필요했던 시기였나 봅니다. 때로 인생이 당신을 벽돌로 내리치는 것 같은 시기가 있습니다. 그래도 신념을 잃지 마세요. 제가 포기하지 않고 계속 나아갈 수 있었던 유일한 힘은 제가 하는 일을 사랑했기 때문입니다."

스티브 잡스는 자신을 내쫓은 애플컴퓨터를 비난하는 데 시간을 허비하지 않았다. 보통의 사람들 같았으면 자신의 처지를 비관하며 좌절했을 것이다. 그러나 그는 과거에서 벗어나 더욱 피나는 노력을 기울였다. 그렇게 스티브 잡스는 시련을 역이용했고 결국 더 큰 성공을 이루었다. 마지막으로 영화배우 박중훈의 말을 곱씹어보자.

"실패했을 때 인내할 줄 아는 게 중요한 덕목입니다. 누구나 파도처럼 오르막과 내리막을 겪는데, 내리막에서 안달하면 오래갈 수 없어요. 저는 실패에 의연했던 편입니다. 스무 살에 데뷔할 때 40편에 출연할 것이라고는 상상도 못했어요. 기적이죠."

눈부신 미래는
그냥 주어지지 않는다

누구나 꿈을 실현하고 싶어 한다. 꿈을 실현하는 순간 성공은 따라 오게 마련이다. 하지만 많은 사람들이 꿈을 이루고 싶은 막연한 바람만 가질 뿐 정작 도전과 노력은 소홀히 한다. 그만큼 도전하고 노력하는 일은 힘들기 때문이다.

그러나 그 어떤 성공도 공짜로 주어지지 않는다. 하물며 눈부신 미 래를 보장하는 꿈 실현은 더욱 험난하고 고통스럽다. 어떤 기업의 오너 는 무너진 사업을 일으키기 위해 매일 아침마다 서울 강남 지하보도에 서 지나다니는 사람들에게 자사의 제품이 실린 전단지를 돌렸다고 한 다. 밤에는 허름한 여관방에서 소시지 하나에 소주를 마시며 힘든 시간 을 견뎌냈다는 것이다. 그런 지독한 노력과 끈기로 지금은 연 매출 천억 원이 넘는 중소기업의 회장이 되었다.

자신의 분야에서 일가를 이룬 사람들은 눈부신 미래는 그냥 주어지지 않는다는 것을 잘 알고 있다. 그들 가운데 길거리 노점 성공 신화를 이루어낸 석봉 토스트 김석봉 대표가 있다. 김 대표는 가난 때문에 초등학교를 졸업하고 열네 살부터 일을 하기 시작했다. 자동차 정비소 견습공, 컨테이너 공장 노동자, 공사장 막노동꾼, 용접공 등 수많은 직업을 전전하며 치열하게 가난의 굴레를 벗어나기 위해 분투했지만 힘겨운 날의 연속이었다.

어느 날 그는 스스로에게 '왜 인생은 늘 제자리걸음일까?' 하고 물었다. 답을 찾는 과정에서 그는 무조건 열심히 살기만 했지 어떻게 열심히 살아야 하는지 계획 없이 생활한 것이 문제라는 사실을 깨달았다. 계획 없는 하루는 오후가 다 되어서야 일어나는 게으름 병으로 이어진 것이었다.

그 후, 그는 일일계획표를 만들었다. 하루 5시간 수면 시간을 정하고 매일 할 일의 우선순위를 매겨가면서 실천하고, 봉사활동을 시작했다. 그리고 몸에 해로운 조미료와 설탕을 빼고 신선한 야채만으로 맛을 내는 웰빙 토스트를 개발하기 위해 집중했다. 오래된 습관과 마인드를 바꾸기 위해 우선 3주간의 실천을 시작으로 3개월, 그리고 3년씩 실행하다 보니 그의 삶이 달라지기 시작했다. 그는 자신이 힘든 인생을 사는 이유를 외부의 탓으로 돌리는 우를 범하지 않고 근본적 문제 파악을 통해 해결방안을 찾아 적극적으로 실천했다. 그 과정에서 가난하기만 했던 그의 삶이 서서히 달라지기 시작했다.

그는 10년 넘게 다이어리를 쓰면서 하루를 1시간 단위로 잘게 쪼개

썼다. 그는 매일 우선순위를 정해 할 일을 적고, 타임 테이블별로 하루 동안 있었던 모든 일을 다이어리에 기록했다. 또한 성공한 사람들의 생활습관인 독서와 메모, 일찍 기상하기, 약속 지키기 등을 실천했다. 여기에다 그는 모든 것을 손님 입장에서 생각했다.

'어떻게 하면 손님이 기분 좋을까?', '어떻게 하면 손님들의 입맛을 사로잡을 수 있을까?'

그리고 그는 비록 길거리에서 토스트를 팔지만 단정하게 주방장 옷을 입고 언제나 미소 띤 얼굴에 활발하게 인사를 건네기 시작했다. 손님에게 좋은 아침을 만들어주기 위해 최선의 노력을 기울인 것이다.

그는 손님의 건강을 생각해서 모든 재료를 '웰빙'에 맞췄다. 처음부터 고기류를 제외한 야채와 계란으로 토스트를 만들기 시작해, 양배추, 양파, 영양부추, 당근, 토마토, 깻잎, 오이, 상추 등의 야채는 지금도 빠지지 않는 가장 핵심적인 재료다. 외국인들에게 판매하기 위해 각국 나라별 메뉴판을 준비하고, 4개 외국어의 기본 20문장을 외워 활용했다. 심지어 '셀프 계산대'를 만들어 위생적인 부분도 세심하게 배려했다. 철저하게 소비자 중심의 서비스를 추구해 차별화를 시도한 것이다. 이제 몇백 개의 가맹점을 운영하는 김석봉 대표, 그의 목표는 석봉 토스트를 명실상부한 미국의 맥도널드와 같은 '국민 브랜드'로 만드는 것이다.

나는 개인적으로 가난을 그저 가난으로만 여기지 않는다. 내가 생각하는 가난은 신이 우리가 꿈을 실현할 수 있는 그릇인지, 아닌지를 판단하기 위한 잣대다. 그래서일까, 성공한 사람들은 희한하게도 거의가 불우한 시절을 보냈다. 현대그룹 창업자 고(故)정주영 회장은 가난 때문에 소학교 선생님이라는 꿈을 포기한 채 열여섯 살에 소 판 돈 70원을 가지고 서울로 가출한 바 있다. 반기문 유엔사무총장은 형제들과 돼지를 키우는 등 집안일을 도우면서 공부했다. 그 결과 공부할 시간이 현저히 줄어들었는데, 그럼에도 자투리 시간을 활용해 치열하게 공부했고 자신의 꿈을 이루었다.

링컨(Lincoln) 대통령은 또 어떤가? 가난한 농부의 아들로 태어난 여덟 살 때 어머니를 잃었고, 학교라고는 겨우 1년밖에 다니지 못했다. 그는 통나무집에서 혼자 책을 읽는 것으로 공부를 대신해야 했다.

'토크쇼의 여왕' 오프라 윈프리(Oprah Winfrey)는 얼마나 가난했던지 감자포대가 그녀의 옷이었다. 그러나 지금은 어떤가? 흑인 여성으로는 처음으로 경제 전문지 〈포브스〉로부터 재산 10억 달러 이상의 부자 중 한 사람으로 지목되었는가 하면, 미국 내 시청자만 2,200만 명에 세계 105개국에서 방영되는 토크쇼의 진행 및 잡지, 케이블, TV, 인터넷 사업을 총망라한 '하포 엔터테인먼트 그룹'의 회장이 되었다.

박정희 역시 어린 시절 지독한 가난으로 고통받아야 했다. 그가 느꼈던 열등감과 좌절감 역시 가난에서 비롯되었다고 해도 과언이 아니다. 과거 박정희가 얼마나 가난한 시절을 보냈는지 박근혜의 증언을 통해 알 수 있다.

"아버지는 어렸을 때 집이 너무 가난해서 밥을 굶을 때가 많았고, 이 웃집에서 생선 굽는 냄새가 나면 몹시 먹고 싶었다던 말씀을 하시곤 했 다. 그래서 가난이 무엇이고 배고픔이 어떤 건지를 잘 알고 계셨다. 나 라가 가난하고 힘이 없어서 국민들이 고생하는 것을 한으로 여기셨던 아버지는 우리 민족이 갱생할 수 있는 길이 없을까 고민하고 또 고민하 셨다. 나는 고달픈 몸을 이끌고 한밤중에 잠을 못 이루시던 아버지의 모습이 지금도 생생하다."

박정희는 군인 장성으로 별을 달았어도 풍족하게 살지 못했다. 물론 다른 이들처럼 그 역시 마음먹고 부정 축재를 했다면 충분히 경제적으 로 넉넉했을 것이다. 그러나 그는 그러질 못했다. 소박하고 검소하게 사 는 것이 그의 인생 원칙이었기 때문이다.

어쨌거나 지독한 가난은 때로 해선 안 되는 일을 하게 만들기도 한 다. 박정희 역시 가난 때문에 남의 물건에 손댄 일이 있다. 그는 해방 이 후 조선경비사관학교에 입교하기 위해 서울에 가게 되었다. 그때 가난 한 탓에 여비를 구할 수 없자, 고민 끝에 일언반구도 없이 셋째 형 박상 희의 카메라를 들고 가버렸다. 그 카메라는 박상희가 기자 일을 하기 위 해 전날 구입해놓은 것이었다. 집에 돌아온 박상희가 카메라가 없어진 것을 알고 노발대발했을 것임은 굳이 떠올리지 않아도 눈에 선하다.

이 글을 쓰는 나 역시 눈물 나게 힘겨웠던 시절이 많았다. 그 가운데 스물네 살 때 서울 영등포역 근처의 고시원에서 살 때가 가장 힘들었던 것으로 기억한다. 당시 나는 새벽과 밤으로 시와 글을 쓰면서 한 잡지사에서 기자로 일하고 있었다. 그때 월급이 정말 쥐꼬리보다 더 적었는데 교통비와 밥값, 고시원 비용을 내고 여기에다 시골에 계신 부모님께 생활비를 보내드리고 나면 고작 남는 돈이 20만 원가량이었다. 나는 수입원을 늘리기 위해 근처에 있는 용역사무실에서 막노동을 뛰었다. 일당이 65,000원으로 용역사무실에 10퍼센트를 떼고 나면 6만 원 가량 손에 쥘 수 있었는데 당시 나에게는 많은 도움이 되었다.

그러던 어느 날 잡지사에 계속 다닐 수 없게 되었다. 그나마 쥐꼬리만한 월급마저 나오지 않게 되자 절망적이었다. 하는 수 없이 막노동을 했는데 하루는 시멘트 포대를 어깨에 짊어지고 가다가 그만 발을 헛디뎌 넘어지고 말았다. 발목을 심하게 삐어 걷기도 힘들어 하루 일을 공치고 집으로 돌아왔다. 그런데 일주일, 이 주일이 지나도 발목에 차도가 없는 것이었다. 물론 돈이 없어서 한의원이나 병원에서 침을 맞고 물리치료를 받을 수도 없었기 때문에 차도가 없었던 것이다. 막노동마저 못하게 되었으니 고시원비, 휴대폰 요금 등은 몇 달째 밀렸다. 그나마 가지고 있던 천 원짜리 한 장마저 안성탕면과 날계란을 사는 바람에 다 쓰고 말았다. 좋게 말하면 무일푼 신세, 즉 거지 신세가 된 것이다.

대구가 고향인 나는 서울에 아는 사람도 없던 터라 하루 이틀을 굶었다. 그렇다고 당시 내가 아예 지인이 없었던 것은 아니었다. 어설프게 아는 사람에게 돈이 없어서 굶고 있다는 말을 하기엔 내 자존심이 허락지 않았던 것이다. 그래서 나는 어쩔 수 없이 하루 이틀을 맹물만 마시면서 버텨야 했다. 굶은 지 사흘째 되는 날, 도저히 참을 수 없는 허기가 밀려왔다. 정말 눈앞에 살아 있는 소나 돼지가 있다면 그대로 뜯어 먹고 싶을 정도였다. 배가 고플수록 왜 그렇게 먹고 싶은 음식들 생각이 많이 나는지, 꼬리에 꼬리를 물고 이어졌다. 그때 나는 절실히 깨달았다. 가장 가혹하고 고통스러운 것이 배고픔이라는 것을. 배고픔이 주는 고통이 얼마나 큰지 무언가를 먹을 수 있다면 무슨 짓이라도 할 것만 같았다.

더 이상 배고픔을 견딜 수 없다는 생각에 고시원에서 공용으로 쓰는 냉장고 문을 열었다. 그 안에는 다른 원생들의 반찬들이 빼곡하게 들어차 있었다. 원생들의 가족들이 정성을 들여 보내준 반찬들이었다. 잠시 고민하다 나는 누군가의 날계란과 김치를 꺼내 맹물에다 밥을 말아 허겁지겁 먹었다. 그때 세 그릇을 뚝딱 해치웠던 기억이 난다. 그리고 자존심 따위는 버리고 옆방 사람에게 이천 원을 빌려 이 악물고 아픈 몸을 이끌고 막노동을 했다. 살기 위해서 어쩔 수 없는 선택이었다. 이 자리를 빌어 그때 내가 슬쩍했던 날계란과 김치의 주인에게 용서를 빈다.

그런 힘든 상황 속에서도 한시도 꿈을 잊지 않았다. 당시 내 꿈은 '베스트셀러 작가'가 되는 것이었다. 나는 내 꿈을 실현하기 위해 한 평도 안 되는 데다 창문도 없는 고시원에서 시와 글을 썼다. 그동안 10여 년간을 지독하게 꿈을 향해 매진했다. 그 과정에서 직업은 여러 번 바뀌었지만 절대 내 꿈은 바뀌지 않았다. 사실 나에게 직업은 먹고살기 위한 밥벌이 수단에 지나지 않았다. 그러나 꿈은 나의 전부였다. 꿈을 잃는 순간 나는 죽는다고 생각했다. 살아갈 이유를 잃어버린 사람은 죽은 자와 다를 바 없기 때문이다. 그렇게 지독하게 노력한 결과 지금은 당시 내가 바라던 모든 것을 실현했다. 베스트셀러 작가가 되었으며, 내가 쓴 책들 가운데 여러 권이 중국과 대만, 태국에 수출되었다. 그리고 내가 쓴 책들의 일부 내용이 16권의 초·중·고등학교 교과서에 실려 있다.

살다 보면 누구나 어려운 시기가 있다. 개그우먼 이영자는 언젠가 KBS2 〈대국민 토크쇼 안녕하세요〉에서 성공한 연예인 출신 사업가 홍석천, 백보람, 황승환과의 토크 중에 이렇게 말문을 열었다.

"방송 일이 잘되서 사업도 잘될 것 같다는 생각에 시작했다가 일찍이 망했다."

당시 이영자가 오픈한 가게는 '영자나라 돼지만세'라는 상호를 내 건 식당이었는데 처음에는 장사가 잘되었다고 한다. 그런데 땅 주인과 건물 주인이 싸움이 나는 바람에 식당 앞에 갑자기 주유소가 들어서게 되었다. 가게 입구를 벽으로 막아서 입구가 없어지는 해프닝이 벌어졌던 당시를 이영자는 이렇게 표현했다.

"내 가게 입구가 없어지는 바람에 단골손님들이 담을 넘어 들어오는 상황이 벌어졌다."

그녀의 말에 신동엽이 다음과 같이 증언했다.

"정말 그때 담을 넘어 들어갔다. 이영자 씨가 그때 전 재산을 날렸다. 상당히 힘들어했다."

세상에는 어이없게 한순간에 전 재산을 날린 사람들이 적지 않다. 그럼에도 그들은 자신의 꿈을 위해 도전을 멈추지 않는다. 도전을 멈추는 순간 실패자가 되지만, 계속 도전하는 한 성공자가 될 확률이 높아지기 때문이다.

성공은 누구나 꿈꿀 수 있지만 아무나 이루지 못한다. 꿈을 이루는 과정 속에는 그동안 생각지도 못했던 지옥 같은 고통이 도사리고 있기 때문이다. 그래서 세상에는 소수의 사람들만이 성공자로 탄생하는 것이다. 자신의 꿈을 실현할 수 있을지 여부는 꿈에 대한 자세에 따라 달라진다. 따라서 성공자가 되고 싶다면 어떤 일이 있어도 다음 다섯 가지를 실천하기 바란다.

- 시련과 역경 속에서도 꿈을 잃지 않는다.
- 현재를 바라보기보다 미래의 꿈을 이룬 모습에 초점을 맞춘다.
- 직업은 바꾸되 절대 꿈은 바꾸지 않는다.
- 자신의 꿈을 습관적으로 생생하게 상상한다.
- 자신의 꿈이 반드시 실현된다는 것을 확신한다.

최고가 되면 결국
세상은 나를 찾는다

어떤 국가 지도자를 만나느냐에 따라 한 나라의 미래가 달라진다. 과거와 현재의 처지가 바뀐 대표적인 사례로 필리핀, 브라질, 아르헨티나를 꼽을 수 있다. 이들 나라는 과거에는 잘살았지만 지도자를 잘못 선택한 바람에 현재 국가적인 어려움을 겪고 있다. 한국과 같이 싱가포르는 아시아의 훌륭한 지도자로 대표되는 리콴유(李光耀) 수상의 탁월한 리더십 덕분에 아시아의 금융과 무역 중심국으로 성장할 수 있었다.

지금 한국은 1인당 국내총생산(GDP)이 3만 달러를 훌쩍 넘기는 등, 비약적인 발전을 이루어냈다. 그런데 불과 몇십 년 전만 하더라도 한국은 1인당 국내총생산 수준이 전 세계에서 가장 낮은 나라인 아프리카보다도 낮았다. 그때 대부분 정치가들의 부정부패가 만연해 있는 가운데 박정희가 등장해 '잘살아 보세'라는 기치를 내걸고, 1인당 소득 100달러, 수출 1억 달러에 불과한 한국에 가슴 뛰는 비전을 심어주었다. 그는

10년 후 국민들에게 한국의 경제를 100배 성장시키겠다는 비전을 선포했다. 그때 아무도 그의 말을 신뢰하지 않았다. 그만큼 우리 국민들은 패배의식에 젖어 있었기 때문이다.

그러나 시간이 지나면서 헌신적으로 국민과 나라를 생각하는 그의 모습에서 국민들의 마음이 움직이기 시작했다. 급기야 온 국민이 박정희가 선포한 비전을 실현하기 위해 허리띠를 조여매고 분투했다. 이쑤시개에서 가발, 운동화까지 돈이 될 만한 것은 무엇이든 수출했다. 그 결과 1977년 12월, 수출액 100억 달러를 돌파하는 데 성공했다. 외국은 기적이라고 일컬었지만 절대 기적이 아니었다. 목숨을 내건 치열한 노력의 결과였다.

무명시절에는 배고프고 알아주는 이 하나 없지만, 자신의 일에서 성과를 발휘하거나 직업세계에서 최고가 되면 세상이 나를 찾게 마련이다. 박정희 역시 처음에는 많은 사람들이 군사혁명을 일으킨 그를 고운 시선으로 보지 않았다. 반대 시위 또한 많았다. 그러나 시간이 지나면서 그들은 그가 모든 의사결정의 최우선 순위를 국가와 국민들에 둔다는 것을 알고는 그를 지지하고 존경했다. 물론 정치적으로 대립한 사람들 가운데 끝까지 비난하고 그에게 돌을 던지는 사람들도 있다. 이는 정치적인 문제여서 배제해놓기로 한다.

한국이라는 작은 회사를 잘나가는 중소기업으로 키운 박정희를 본받으려는 열기는 해외, 특히 공산국가에서도 높았다. 과거 중국의 지도자 덩샤오핑(鄧小平)이 개혁과 개방의 물꼬를 트는 시기에 박정희 대통령의 저서와 전기가 중국에서 출간되었는데, 그때 고위 간부들의 연수용 교재로 사용되었는가 하면, 덩샤오핑마저 박정희를 벤치마킹했다. 자원과 자본이 없었던 대륙의 끄트머리에 위치한 한국이 눈부시게 변모하는 모습을 보면서 박정희식 개발 전략을 중국화했다는 후문이 있다.

뿐만 아니라 푸틴(Putin) 러시아 대통령도 과거 1990년 레닌그라드대 (현 상트페테르부르크대) 총장의 국제문제 보좌관 시절, 이석배 주 카자흐스탄 공사에게 "박정희 대통령에 관한 책이 있으면 한국어든, 다른 언어로 쓰였든 모두 구해달라"고 부탁한 바 있다.

박정희는 한강의 기적을 이끌어낸 지도자다. 1960년 10월에 발간된 미국의 외교평론지 〈포린 어페어즈〉는 당시 한국 경제를 이렇게 표현하고 있다.

"실업자 수는 노동인구의 25%, 1960년의 국민 1인당 GNP는 100달러 이하이고, 전력산출량은 멕시코의 6분의 1, 수출은 200만 달러, 수입은 2억 달러다. 이래서 한국의 경제적 기적의 가능성은 전혀 없다. 경제성장의 조건은 북한이 남한보다 순조로운 상태다. 결국 한국인들이 직면한 선택은 워싱턴이냐, 모스크바냐가 아니라 서울이냐, 평양이냐 하는 것이다."

한마디로 나라 사정이 최악이었던 상황에서 그가 이루어낸 성과는 가히 기적에 가깝다. 대통령이든, 직장인이든 자신의 일에서 성과를 발휘하면 인정받게 마련이다. 박정희의 시작은 초라했지만 열과 성을 다해 분투한 결과 경제성장이라는 성과를 발휘할 수 있었다. 그 후 세상은 그를 찾기 시작했다.

김종필 총리는 1999년 10월 21일 키신저(Henry A. Kissinger) 전 미 국무장관과 대화를 나누던 중에 다음과 같이 박 전 대통령에 대한 질문을 던졌다.

"자유를 좀 누르더라도 경제를 회생시켜야 한다고 봤던 박 대통령의 생각을 어떻게 보는가?"

그러자 키신저 전 미 국무장관은 이렇게 답했다.

"민주주의와 경제발전이 동시에 이루어지는 것은 사실상 어려웠다. 러시아가 이 두 가지를 동시에 추구하다가 어떤 결과를 초래했는지 다 알고 있지 않은가. 당시 박 대통령의 판단이 옳았다는 것을 알 수 있다."

동아시아 전문가인 에즈라 보겔(Ezra Vogel) 미 하버드대 사회학 교수는 박정희 대통령을 이렇게 평가했다. 보겔 교수가 과거 한국의 군사정권에 대해 매우 비판적인 입장을 취해온 인물임을 감안하면 더욱 그의 말이 예사롭지 않다.

"특히 중화학공업 정책 이후 그가 폭력을 사용하고 나라를 경찰국가로 만들었을 때 우리는 매우 화가 났고 흥분했었다. 당시 한국은 철저히 통제된 사회였다. 하지만 동시에, 박정희가 없었더라면 오늘날의 한국도 없었을 것으로 생각된다."

그의 다음 말이 가슴에 확 꽂힌다.

"박정희는 헌신적이었고, 개인적으로 착복하지 않았으며, 열심히 일했다. 그는 국가에 일신을 바친 리더였다."

세계적 석학인 피터 드러커(Peter Ferdinand Drucker)는 "2차 대전 후 인류가 이룩한 성과 가운데 가장 놀라운 것은 바로 대한민국"이라고 말한 바 있다. 세계적인 위인들이 박정희 대통령의 업적을 높이 사는데 유독 우리나라 정치가들은 그렇지 못한 것 같다. 사실 나는 박정희 대통령이 지금의 눈부신 한국 경제의 초석을 다졌음에도 불구하고 제대로 평가를 받지 못하는 것에 대해 안타까움을 느낀다. 그가 이룩한 업적 가운데 인정할 것은 인정하고, 계승할 것은 계승해야 한다고 생각한다.

여론조사기관 리얼미터는 2009년 8월, 김대중 전 대통령 서거를 계기로 역대 대통령에 대한 국민들의 평가를 조사한 결과, 우리 국민 절반 이상이 역대 대통령 중 국가발전에 가장 기여한 인물로 '고 박정희 대통령'을 꼽은 것으로 조사되었다.

박정희 전 대통령을 꼽은 응답자는 53.4%로 가장 많았으며, 김대중 전 대통령은 25.4%로 뒤를 이었다. 3위는 노무현 전 대통령이 차지했으며, 전두환, 윤보선, 이승만, 노태우, 김영삼, 최규하 대통령순으로 나타났다.

흥미로운 사실은 성별과 연령을 불문하고 박정희 대통령이 1위로 꼽혔다는 점이다. 특히 연령대가 높을수록 지지도가 증가해 50대 이상이 65.5%로 가장 높았고, 40대(59.4%), 30대(44.8%), 20대(36.7%)순이었다.

지금 기업, 자영업자, 직장인, 주부 할 것 없이 모두 죽겠다고 아우성이다. 하루가 다르게 천정부지로 치솟고 있는 물가에 국민들의 허리는 펴질 날이 없다. 먹고살기가 힘들수록 과거 세계의 최빈민국에서 아시아의 떠오르는 용으로 성장시킨, 경제적 과업을 이수해낸 박정희 대통령의 업적을 떠올리며 그 시절의 향수에 젖어 있는 사람들이 많다. '박정희 향수'는 꼭 그가 무조건 좋아서라기보다 뚜렷한 비전도, 대안도 없는 현재의 좌절감 속에서 나오는 별 의미 없는 넋두리이기도 하다. 그만큼 과거 박정희 대통령이 절망에 빠져 있던 국민들에게 구체적인 비전을 제시함과 동시에 성과를 발휘했다는 것을 추론할 수 있다.

방송인 김구라는 언젠가 KBS 〈승승장구〉에 출연해 궁핍했던 과거 이야기를 고백했다.

"1997년 결혼을 한 뒤 본명인 김현동으로 연예계에서 활동했지만 이름을 알리지 못했다. 아들 동현이까지 생겨 경제적 위기를 맞았다."

그는 이어서 말했다.

"12년간 무명생활, 생계가 어렵다 보니 전세 4,000만 원에서 보증금 500만 원, 월세 30만 원의 집으로 이사를 가게 되었다. 당시 부채가 약 8,000만 원이었다."

이렇듯 경제 사정이 힘들다 보니 어떻게든 성공해야 했다. 당시 그에게 있어 화두는 '성공'뿐이었다. 그래서 인터넷 초창기 시절 인터넷 라디오로 연예인과 정치인에게 독설을 가하며 얻은 인기로 방송가까지 진출하는 데 성공했다.

그러나 요즘 그는 누구보다 잘나가는 방송인이다. 그를 보면서 '최고가 되면 결국 세상은 나를 찾는다'는 진리를 새삼 깨닫는다. 현재 그는 많은 방송 프로그램을 소화하면서 주말, 평일, 밤낮 할 것 없이 여러 방송에서 종횡무진하고 있다.

공병호 박사는 저서 《우문현답》에 막내아들과 나눈 대화 내용을 소개했다. 함께 늦은 점심을 먹던 중에 아이가 다음과 같은 이야기를 들려주더라는 것이다.

"아빠, 영어 시간에 선생님이 'Life is a bad joke(인생은 나쁜 농담이다)'라고 말씀하셨어요. 그리고 'The best way to get back is doing well(이를 되갚아주는 최고의 방법은 아주 잘 사는 것이다)'라는 말도 더하셨고요."

'인생은 나쁜 농담이다. 이를 되갚아주는 최고의 방법은 아주 잘 사는 것이다.'

그렇다. 나를 무시하는 세상에 한 방 먹이는 방법은 멋지게 성공하는 것이다. 자신의 분야에서 성과를 발휘해 최고가 된다면 세상이 나를 찾게 될 테니까.

절박하다는 것은
답을 알고 있다는 말이다

　박정희가 군사혁명을 일으킨 데는 나름대로 이유가 있다. 그 이유를 알기 위해선 먼저 당시의 정세를 살펴봐야 한다. 일제치하 36년, 갑자기 다가온 8·15 해방, 곧이어 3년에 걸친 6·25 동족상잔으로 한반도는 말 그대로 아수라장이었다.

　전쟁의 후유증은 좌우의 격렬한 대립으로 이어졌는가 하면 이미 부정과 부패와 혼란은 정권의 심장부까지 갉아먹었다. 그 결과 이승만 정권은 점점 유약해지고 무능해져갔다. 급기야 3·15 부정선거로 인해 4·19 학생 혁명이 일어나 결국 이승만은 대통령직을 내려놓고 미국 망명길에 올랐다. 그리고 허정 과도정부가 수립되었다. 과도정부는 6월 15일 헌법을 개정해 권력구조를 대통령제에서 내각제로 바꾸고 양원제를 도입하지만, 이는 또다시 사회적 혼란과 정치적 분란의 원인을 제공하는 꼴이 되고 만다.

1960년 7·29 총선을 통해 민주당이 승리하면서 우여곡절 끝에 8월 12일 국회의원 투표로 윤보선이 대통령으로 선출되었다. 그러나 정치권은 내각을 장악하는 총리 선출에서부터 대립하게 된다. 임기 9개월 동안 개각은 세 번씩이나 단행해야 할 정도로 정치권은 하루도 바람 잘 날이 없었다. 과연 이런 무능한 정부가 국가와 국민들을 위해 무엇을 할 수 있었겠는가?

한 해 동안 국가채무 2,700억 환에, 무역적자만 2억 6천만 달러를 기록했다. 1인당 국민소득은 1960년 94달러에서 1961년에는 87달러로 오히려 후퇴했다. 당시 수출 1억 달러는 넘기 힘든 고지와 같았다. 그 무렵 북한의 경제력은 이미 남한의 2배를 훌쩍 상회하고 있었다. 김일성은 경제7개년계획을 세워놓고 경제부흥에 박차를 가하고 있었던 것이다. 무능한 한국 정부와는 판이하게 달랐다.

갈수록 이념 논쟁은 사회 혼란을 가중시켰다. 일각에서는 먹고살기 위해서는 통일을 해야 한다는 주장을 했고, 학생들은 일자리를 창출하기 위해선 북한과 통일밖에 없다며 연일 거리에서 시위를 했다. 심지어 북한의 경제력이 남한보다 월등히 앞서기 때문에 통일이 되면 경제적 분배 면에서 유리하다는 황당한 논리도 제기되었다.

남한이 이념의 소용돌이에 휩싸일수록 김일성은 더욱 자신감을 가지게 되었다. 그는 그해 8·15 경축사에서 "자유로운 남북총선거를 실시하고, 공산화가 두렵다면 남북연방제를 실시하자"고 제안하기도 했다. 또한 "연방제 통일안도 받아들일 수 없다면, 경제교류부터 실시한 후 미군을 철수시키고 남북한 군대를 10만 명 아래로 감축하자고 제안했다. 그러면서 뒤로는 간첩들을 침투시켜 테러와 암살을 일삼았다. 게다가 좌익 단체들은 분단의 원인은 외세와 사대주의자들 때문이라는 억지를 쓰며 반공법과 국가보안법 철폐, 정권 퇴진을 주장하며 혼란을 부채질했다.

당시 박정희는 일기장에 다음과 같이 심경을 적었다.

"정국은 난마와도 같이 헝클어지고 걷잡을 수 없이 혼란과 무질서만을 노정하고 국민들의 실망만 커져가고 있다. 가도 가도 시관이 보이지 않는 정국의 불안정, 국민 생활의 궁핍, 도의의 타락, 윤리의 문란, 이러한 도정으로 줄달음질친다면 그다음에 올 것이 무엇일까.

공산당의 독소가 침투되고 잠식하기 쉬운 병약적인 사회, 즉 공산당의 밥이 되는 길밖에 더 있겠는가. 동포여! 겨레여! 과거 우리 조상들이 저지른 과오를 우리 다시 범할 것인가. 진실로 조국을 사랑하고 민족을 사랑하고 우리 후손을 사랑하거든 우리 이제라도 늦지 않으니 사월 혁명 정신을 다시 상기하고 젊은 학도들의 조국애의 대정신으로 돌아가자."

박정희는 더 이상 참을 수 없다는 생각에 마침내 혁명이라는 이름으로 개혁에 착수했다. 그리고 부정부패와 부조리가 만연한 데다 무능까지 더한 장면 정권에 철퇴를 가했다. 한마디로 무능하고 부패한 정권을

혁명으로 심판한 것이다.

그러나 박정희가 정권을 잡은 후 산적해 있는 문제는 한두 가지가 아니었다. 그중에서 가장 절박한 것이 돈이었다. 돈이 있어야 경제를 발전시켜 가난으로 신음하는 국민들을 먹여 살릴 수 있기 때문이다. 그는 절박한 만큼 탁상공론하지 않았다. 대안을 찾기 위해 노력했고 그리고 할수 있는 모든 문을 두드렸다. 박정희는 특별 담화문을 통해 이렇게 말했다.

"국제사회의 경쟁 속에서 지난날의 감정에만 집착할 수 없다. 아무리 어제의 원수라 하더라도 우리의 어제와 내일을 위해서 필요하다면 그들과도 손을 잡아야 하는 것이 국리민복을 도모하는 현명한 대처가 아니겠는가!"

숱한 정치적 반대가 있었고, 전후 세계사에서 가장 길었던 외교협상 중 하나로 한일협정을 들 수 있다. 한국과 일본의 기본관계를 규정한 조약인 한일협정은 한일재산과 청구권문제 해결, 경제협력에 관한 협정, 한일문화재 및 문화협력에 관한 협정, 재일교포 법적 지위 대우에 관한 협정, 한일어업협정 등 4개 부속 협정과 25개 문서를 포함하고 있다. 그동안 한국은 한일협정으로 인해 경제 발전에 발목을 잡히고 있었지만 10년 동안 자유당과 민주당 정권은 어떤 해결점의 실마리를 찾지 못한 채 시간만 질질 끌고 있었다. 그때 박정희는 과감한 추진력으로 한일협정의 종지부를 찍은 것이다.

　한일협정을 통해 당시 박정희 정권의 탁월한 외교 능력을 엿볼 수 있다. 한국은 청구권 액수를 놓고 일본에 7억 달러를 요구했지만, 일본은 7천만 달러가 상한선이라고 주장하고 있었다. 시간이 지나도 양국의 의견은 좀처럼 좁혀지지 않았다. 이때 김종필과 오히라 마사요시(大平正芳) 일본외무장관은 청구권 금액을 '무상 3억 달러, 유상 2억 달러, 상업차관 1억 달러 이상'으로 합의를 보게 된다. 이로써 한국 현대사의 분수령을 이룬 청구권 문제를 타결 지을 수 있었다. 그리고 나중에 다시 협정하는 과정에서 상업차관 부문만 3억 달러로 최종 조정했다.

　훗날 한일협정에서 합의한 청구권은 큰 힘이 된다. 박정희는 철강 산업의 중요성을 인식하면서 포항종합제철공업단지를 건설해야겠다고 결심했다. 그리고 마침내 1967년 10월 3일, 포항시 교외 영일군 대송면에서 포항종합제철공업단지 기공식이 열렸다. 그러나 공사는 진행되는데 외자가 확보되지 않아 많은 어려움을 겪고 있었다. 다급해진 정부는 미국 수출입은행이 책정해놓은 1969년도 대한차관의 일부를 우선적으로 종합제철 사업 자금으로 사용할 수 있도록 허가해달라고 세계은행 측에 차관 신청서를 제출했다. 그러나 얼마 후 기대와는 달리 세계은행 측은 사실상의 거부 의사를 표시했다. 그리고 시일이 지나면서 종합제철 공사는 고착 상태에 빠졌다.

　그때 공사 총책임자였던 박태준 사장의 아이디어로 공사 진행에 활기를 띠게 된다. 일본이 한국에 주기로 한 대일청구권 자금을 미리 당겨

쓰자는 것이었다. 그런 우여곡절 끝에 103만 톤의 철강을 생산할 수 있는 능력을 갖춘 사상 초유의 포항종합제철공업단지를 완공할 수 있었다. 서울 여의도의 3배에 달하는 270만 평의 거대한 부지에 도로 길이만 80km가 넘는 제철공업단지가 현재의 포스코다.

대다수 국민이 유엔의 원조로 근근이 버티는 절망적인 상황에서 박정희는 뜬눈으로 지새는 날이 많았다. 그러다 그는 과감한 결단을 내린다. 독일에 광부와 간호사를 파견하고, 젊은이들을 베트남 전쟁에 파병하는 것이었다. 물론 그는 그런 결단이 자신에게 어떤 정치적 불행을 초래할지 잘 알고 있었다. 하지만 그는 나무보다 숲을 보는 사람이었다. 그런 긴 안목으로 독일에 광부와 간호사를 파견하고, 베트남 파병을 실행에 옮겼다. 그렇게 해서라도 외자를 확보해 경제를 발전시키고 싶었던 것이었다.

물론 비록 많은 사람들의 희생을 낳았다. 그러나 그로 인해 경제원조, 외국으로부터의 차관 등 많은 외자를 확보할 수 있었다. 외자 확보는 다시 경제발전으로 이어졌다. 뿐만 아니라 대미 수출증가와 주한미군의 계속 주둔 등 성과도 상당했다.

많은 반대 여론에도 불구하고 독일로의 광부와 간호사 파견, 베트남 파병은 한강의 기적을 낳는 초석이 되었다. 눈부신 경제성장의 중심에 서 있는 국민들 중 대다수는 박정희의 과단성 있는 결단에 박수를 보내고 있다.

때로 우리는 절박한 상황에 내몰린다. 그리고 많은 사람들이 한 발만 더 뒤로 빼면 한없이 추락할 것 같은 두려움과 불안감에 떨며 이러지도 저러지도 못한 채 얼어 있다. 그러나 더 이상 절박한 상황에 굴복해선 안 된다. 절박하다는 것은 그 문제의 심각성을 이해하고 있다는 뜻이기 때문이다. 그리고 문제의 심각성을 이해한다는 말은 이미 상황을 유리하게 바꿀 수 있는 답을 알고 있다는 뜻이다.

세상에서 가장 현명하고 똑똑한 사람은 자기 자신이다. 흔히 우리는 자신의 문제에 대해서는 명쾌한 답을 찾지 못하지만 타인의 문제에는 답을 꼭 집어준다. 이는 자신의 문제는 확대해석해서 두려움과 불안감에 함몰되어 제대로 답을 찾을 수 없는 반면, 타인의 문제는 자신의 문제가 아니라는 다소 느긋한 마음이 문제의 답을 찾도록 이끌기 때문이다.

컬럼비아대학교 인문학 교수로 재직한 피터 템즈(Peter Temes)는 저서 《목적의 힘》에서 "게임은 어디에서나 일어난다. 운동장, 뒤뜰, 사무실, 교실, 식당 등. 그러나 승리가 이루어지는 곳은 단 한 곳뿐이다. 바로 승자의 마음속이다"라고 말했다. 그렇다. 절박할수록 승자의 마음을 가져라. 이미 당신은 문제에 대한 답을 알고 있다는 것을 기억하라.

진심이 마음을 움직인다

1962년, 대통령에 취임한 박정희가 가장 신경을 쓴 부분이 외자 유치였다. 자본이 있어야 공장도 짓는 등 산업기반을 다져 경제를 발전시킬 수 있기 때문이다. 당시 그는 입버릇처럼 정부 관료들에게 "국민들을 배반해선 안 된다", "좌절감에 빠져 있는 국민들에게 '하면 된다'는 자신감을 심어줘야 한다"고 말했다. 그만큼 그의 온 신경이 가난에 시달리는 국민들을 향해 있었다는 뜻이다.

박정희는 경제 부흥을 이끌기 위해서는 먼저 GATT('제네바관세협정' 또는 '관세 및 무역에 관한 일반 협정')에 가입할 필요성을 느꼈다. 그래야 수출입국의 초석을 다질 수 있기 때문이다. GATT는 관세 장벽과 수출입 제한을 철폐하고 국제 무역과 물자 교류를 증진시키기 위해 1947년 스위스 제네바에서 미국을 비롯한 23개국이 조인한 국제 무역 협정이다. 따라서 관세의 차별대우를 받지 않고 자유롭게 수출입을 하기 위해선 반드시 이 협정에 가입해야 했다.

박정희는 GATT에 가입하기 위해 긴급히 태스크포스팀(TF)을 조직해 치밀한 사전 준비에 들어갔다. 그리고 1966년, GATT 총회가 개최되는 제네바로 날아갔다. 박정희의 지휘 아래 태스크포스팀은 GATT 위원들과 줄다리기 협상을 벌여야 했다. 성공적인 협상을 위해 그들은 체류 기간인 5개월 동안 저가 호텔에 머물면서 손수 밥을 지어 먹었다. 참으로 참담한 현실이 아닐 수 없었다. 외화가 부족한 마당에 어쩔 수 없는 노릇이었다. 문제는 외화가 부족해 GATT 위원들에게 한 끼 식사 대접 등의 로비를 할 수 없었다는 것이다. 결국 태스크포스팀은 한국에 전화를 걸어 달러를 지원해달라고 요청했다. 이들의 애로사항을 보고 받은 박정희는 비통한 심정이었다. 국고에 달러가 없는 마당에 국가를 위해 맨발로 뛰는 그들에게 해줄 수 있는 것이 없었기 때문이다. 한동안 침묵을 지키며 담배만 피우던 박정희는 무겁게 입을 열었다.

"내 월급을 가불해서 보내시오."

그의 한마디 말 속에서 진정으로 태스크포스팀을 생각하는 마음을 느낄 수 있다. 어떻게 한 나라의 대통령이 아무리 나라가 어렵다고 해도 자신의 월급을 가불할 생각까지 할 수 있을까? 이것이 바로 박정희 리더십이다. 그는 이리저리 체면을 생각하며 행동하지 않는다. 그는 언제나 간결하면서도 과단성 있게 국가와 국민, 부하직원들을 생각했다. 군사쿠데타로 혁명을 일으켰지만 시간이 지나면서 국민들이 그를 지지하고 존경한 것 역시 국민을 생각하는 진심 때문이다.

우유는 값 싸고 영양이 풍부한 식품이다. 우유에는 비타민을 포함해 각종 미네랄이 114종이나 들어 있다고 한다. 사실 저렴한 가격에 각종 영양분이 풍부한 식품 중에 우유만한 게 없다. 그런데 지금 우리가 우유를 흔하게 마실 수 있는 것은 국민들의 배고픔을 해결하고자 했던 박정희의 간절한 희망 덕분이다. 박정희는 1968년 국민에게 고기와 우유를 먹이기 위해 축산 선진국이었던 호주와 뉴질랜드를 방문했다. 그 후 본격적으로 축산업이 시작되었고 우유가 일상 식품으로 자리매김하게 되었다.

뉴질랜드의 끝없는 푸른 목초지를 보면서 박정희는 한국의 아이들을 떠올렸다. '우리 아이들이 저 배부른 소와 양떼들보다 못하단 말인가!'

그는 귀국하자마자 대관령에 목장을 조성하고 전북 운봉의 지리산 비래봉 일대에 국립면양종축장을 건립했다. 당시 호주 정부의 일명 '콜롬보 프로젝트'라고 불리는 원조계획에 따른 면양 도입과 기술 지원이 있었기에 가능했던 일이다. 몇 년 후 2백만 평의 광활한 운봉종축장에서 수만 마리의 양떼가 풀을 뜯는 광경은 장관이었다.

어떤 일이든 처음 시작할 때는 반대파들의 반대에 부딪히는 법이다. 박정희 역시 축산업을 계획할 때 많은 축산 전문가들로부터 한국의 토양에는 목축업이 적합하지 않다는 반대의 목소리를 들어야 했다. 그러나 박정희는 그들의 고정관념에 신경 쓰지 않았다. 오히려 더욱 강하게 밀어붙였다.

"한국에선 축산업이 맞지 않다는 결론부터 먼저 내놓으면 한국의 축산은 영원히 발전하지 못한다. 우리나라 땅처럼 호주와 뉴질랜드도 그대로 버려두면 1년뿐 아니라 10년을 두어도 단돈 1전도 나오지 않는다. 한국 사람의 관념은 풀이란 그저 그대로 내버려두면 그대로 잘 자라는 것이다. 이런 사고방식을 지녔기 때문에 한국의 축산업이 발전되지 않은 것이다."

박정희는 1971년 3월, 부산의 성창목장을 불쑥 시찰했다. 관리인의 안내로 목장 곳곳을 둘러보았는데 한눈에 젖소들의 위생상태가 불량하다는 것을 알 수 있었다. 그는 관리인에게 이렇게 질책했다.

"외국에서 기르는 젖소들은 모두 깨끗한데 왜 여기 있는 젖소들은 지저분한 거요? 당신들은 목욕하지 않고 삽니까? 사람 목욕하는 것처럼 젖소들도 깨끗하게 관리하세요. 정성껏 돌봐야 젖소들도 젖을 많이 주는 법입니다."

그는 또 1976년 4월, 해군사관학교 졸업식에 참석한 뒤 돌아오는 길에 해군 시범목장에 들렀다. 그때 갓 태어난 송아지를 쓰다듬으며 관리인에게 이렇게 주문했다.

"이 송아지가 얼마나 예쁩니까? 사람과 똑같이 관리해주세요."

한 나라의 대통령이 저런 사소한 것까지 챙길 필요가 있느냐고 생각하는 사람도 있을 것이다. 나는 최고 지도자기 때문에 사소한 부분까지 챙겨야 한다고 생각하는 주의다. 대부분의 문제와 사건들이 처음에 디테일한 부분을 가볍게 여긴 데서 발생하기 때문이다.

국민들을 생각하는 박정희의 진심을 느끼게 하는 또 다른 일화가 있다. 그는 축산 선진국인 호주와 뉴질랜드 방문을 마치고 귀국하는 길에 갑자기 남태평양에 위치한 미국령 사모아로 가자고 지시했다. 원양어업의 전진기지인 남태평양 미국령 사모아에 있는 원양어선의 선원들을 격려하기 위해서였다. 이는 당초에 예정에 없었던 일이었다.

그가 공항에 도착하자 한국의 원양어선 선원과 주재원, 사모아 정부 관계자와 총독이 영접을 나와 있었다. 그는 총독의 영접을 받은 후 즉석에서 가진 환영사에서 이렇게 말했다.

"총독 각하, 이곳의 우리 국민들이 열심히 일을 하고 있습니다. 만일 이들 중에 누군가가 귀하 나라의 법을 어기고 불미스러운 일을 저지른다 해도 귀하의 국민처럼 따뜻하게 보살펴 주시기를 부탁드립니다. 저들이 가족과 멀리 떨어져 있어 저의 마음이 편하질 않습니다. 저들의 잘못은 바로 저의 잘못입니다. 저를 대하듯 대해 주시기를 바랍니다. 존경하는 총독 각하, 잘살고자 이역만리 이곳에 와서 불철주야 외화 획득을 하는 우리 선원들과 일일이 손을 잡아보고자 하오니 시간을 좀 주시길 바랍니다."

그의 말에서 조금도 가식적인 부분을 찾아볼 수 없다. 그날 도열해 있던 수백 명의 선원들 가운데 눈물을 흘리는 이들이 적지 않았다. 총독조차 눈시울이 붉어졌을 정도였다. 선원들은 목이 터져라 "박정희 대통령 만세!"와 "대한민국 만세!"를 외치고 또 외쳤다. 박정희는 선원들과 일일이 악수하면서 "고향이 어디냐?", "집에서 편지는 오느냐?", "힘들지는 않느냐?", "아픈 곳은 없느냐?", "젊은 사람이 벌써 이렇게 머리가 하얗게 세었어"라는 말로 외화 벌이를 위해 고생하는 그들을 일일이 위로했다.

경부고속도로 공사가 한창일 때였다. 예고도 없이 박정희는 공사 진행 현장을 찾았다. 잠깐 정주영 현대건설 사장과 독대를 하게 되었다. 그런데 대화 중에 정주영이 코를 골면서 꾸벅꾸벅 조는 것이었다. 아무리 막중한 공사의 책임을 맡고 있다고 하더라도 대통령 앞에서 조는 일은 큰 결례였다. 정주영은 당황한 표정으로 "각하, 정말 죄송합니다"라면서 거듭 머리를 조아렸다. 그러나 박정희는 결코 이런 사소한 일에 언성을 높이지 않았다. 그는 정주영의 손을 잡고 "정 사장, 이거 피곤한 사람에게 말을 시켜서 내가 미안하구만"이라고 격려했다.

이것이 바로 박정희 리더십이다. 그는 작고 사소한 것에서 감동을 준다. 상대방이 당황하고 곤혹스러워 할 때 진심으로 다독여준다. 박정희의 살가운 격려에 바짝 얼어 있던 정주영은 크게 감동하고 말았다. 역시 박정희는 위대한 리더였다. 국민들이 그를 따르는 데는 이런 진심이 있기 때문이다.

육영수 여사 역시 국모답게 이타심이 강한 사람이었다. 그녀는 국민이 보낸 편지 한 통도 소홀히 하지 않았다. 실제로 청와대에 들어오는 민원이나 엽서, 편지는 반드시 그녀의 손을 거치도록 했다. 보좌관들 손에서 처리되거나 분실되는 일이 없도록 각별한 주의를 주었다. 그녀는 탁상행정을 몹시 싫어한 탓에 고되고 힘들더라도 직접 뛰어다니며 민원을 해결했다. 현장 방문은 육 여사에게 있어 매우 중요한 일 중 하나였다.

육 여사가 나환자촌을 방문했을 때의 일이다. 아기를 들쳐 업은 여인들이 육 여사 일행을 맞으며 환한 미소를 지었다. 그들의 손과 얼굴은 나병으로 흉측하게 일그러져 있었다. 하지만 눈빛과 표정만은 티 없이 맑고 깨끗했다. 육 여사는 한 젊은 여인의 뭉그러진 손을 다정하게 잡으며 이야기를 나누었다. 그 모습을 지켜보던 한 수행원이 기겁을 하며 그녀를 말렸다.

"여사님, 제발 악수만은 하지 마십시오. 병이 옮을 수도 있습니다."

그러자 그녀는 이렇게 말했다.

육영수 여사가 파월병사 가족의 집에 방문했을 당시

출처 : 박정희 대통령 기념관

"괜찮아요. 나병은 옮지 않아요. 불행 속에서도 밝게 웃을 줄 아는 저 여인의 미소가 참 곱지 않나요? 나에게는 그것만 보여요."

나환자촌을 방문한 뒤 그녀는 그들에게 도움을 줄 수 있는 방법을 찾기 위해 여러 날을 고민했다. 고심 끝에 전국 37개 나환자촌을 선정해서 470마리의 씨돼지를 보내기로 결심했다. 육 여사가 보내준 씨돼지로 나환자들은 자립의 기반을 마련할 수 있었다.

삼성그룹의 고 이병철 회장 역시 생전에 인재제일주의를 강조하며 임직원들을 가족처럼 아끼고 사랑했다. 야마자키 가쓰히코(山崎勝彦)의 저서 《크게 보고 멀리 보라》에 보면 이런 일화가 소개된다.

2004년 10월, 서울 남산의 남쪽 기슭에 펼쳐진 이태원의 주택가에 이건희 회장이 세운 리움미술관 개관파티에 초대받았을 때의 일이다. 일본에서 나와 함께 초대받은 사람 중에는 당시 산요전기 회장이던 이우에 사토시가 있었는데, 그가 흥미로운 이야기를 들려주었다.

"벌써 30년도 더 된 옛날 일이지만 그때는 정말 놀랐지요. 삼성과의 합병으로 수원에 있는 공장에서 텔레비전 조립을 시작했을 무렵의 일이죠. 공장 안에 들어갔더니 이병철이 마루 밑을 보라고 하는 거예요. 들어 올린 마루 밑을 들여다보니 큼지막한 독이 가득 들어 있더라고요. 김치라고 하더군요. 이야기를 들어본즉 멀리 시골에서 올라온 종업원들이 맛있는 김치가 없으면 식사하기가 괴로울 거라며 그의 지시로 준비한 거라고 하더군요. 그런 데까지 마음을 쓰는 대기업 경영자가 있나 싶어 깊은 감명을 받았지요."

사실 기업의 규모가 크고 작음을 떠나 오너가 직원들을 위해 마루 밑에 김치 독을 묻어두는 일은 아무나 할 수 없다. 진정으로 직원들을 아끼고 사랑해야 가능한 일이다. 이 일화를 통해 이병철이 직원들을 얼마나 아끼고 사랑했는지 알 수 있다.

그가 삼성을 국내 최고가 아닌 세계 최고의 기업으로 키울 수 있었던 것은 이런 진심의 힘 때문이 아닐까? 그는 보통 기업의 회장들과는 다르다. 그릇이 큰 사람이다. 직원들을 최고로 대우해야 직원들 역시 자신의 위치에서 최선을 다한다는 것을 일찍부터 깨달았고 실천했다.

박정희 대통령, 이병철 회장 등 자신의 분야에서 한 획을 그은 사람들에게서 가식은 찾아볼 수 없다. 지금도 많은 사람들이 그들을 기억하는 것은 그들의 진심이 지금도 통하기 때문이다. 어떤 위치에 있더라도 사람들을 진심으로 대하라. 그리고 진심을 다해 일하라. 사람의 마음을 움직이는 것은 결국 진심이기 때문이다.

CHAPTER Three

세상의 편이 되기보다
세상을 내 편으로
만들어라

디테일에 신경 써라

박정희는 디테일에 강한 대통령이었다. 그는 평소 애주가였는데 참모들과 함께 술을 마시면서 허심탄회한 이야기를 나누고, 인간적인 교감은 물론, 비전을 공유할 수 있었다. 그의 디테일한 면은 술자리에서도 유감없이 발휘된다. 그는 술자리에 앉으면 가장 먼저 앞에 젓가락, 술잔, 재떨이를 반듯하고 가지런하게 놓았다. 이것은 젊은 시절부터 해오던 습관이었다.

그는 술자리에 참석한 사람들을 편안하게 대했다. 김치를 손으로 쭈욱 찢어서 집어 먹었고 닭고기는 젓가락 대신 손으로 잡고 먹었다. 소탈한 모습을 통해 대통령의 권위는 찾아볼 수 없었다. 그래서 박정희가 오후 5시쯤 보좌관들에게 전화해 "보좌관들 다 있어? 같이 식사나 하지"라고 말하면 그들은 거의 빠지지 않고 식당으로 향했다.

박정희가 가장 즐긴 술은 막걸리였다. 가끔 맥주를 섞어서 마셨는가 하면 때로 사이다를 타서 마시곤 했다. 술기운이 돌면 젓가락으로 테이블을 두드려가며 흘러간 옛 노래인 〈황성옛터〉나 〈짝사랑〉을 부르며 시름을 달래곤 했다.

1961년, 모내기를 한 뒤 농부들과 새참을 즐기는 박정희. 농부에게 막걸리를 따르는 모습
출처 : 박정희 대통령 기념관

박정희의 디테일한 면은 매사 솔선수범 정신에서도 찾아볼 수 있다. 평소 그는 전기와 물을 절약하는 것이 한 나라의 대통령이 맞나 싶을 정도로 심했다. 심지어 그는 김재규의 총탄에 맞아 죽는 날까지 평범한 세이코 시계, 겉이 벗겨진 넥타이핀, 다 해진 허리벨트를 하고 있었다. 그래서 서거 당일 그를 검시했던 의사조차 대통령인 줄 전혀 눈치 채지 못했다고 말한 바 있다. 가난한 나라의 경제 발전을 위해 그가 얼마나 헌신했는지 알 수 있게 해준다.

박정희가 청와대에서 생활하던 시절, 그를 모시던 사람들은 근검절약 정신은 심하다 못해 눈물 날 지경이었다고 고백했다. 여름에는 에너지 절감을 위해 전 직원들에게 냉방기를 켜지 못하게 했고, 자신 역시 집무실 문을 열어놓고 부채와 선풍기로 여름을 견뎠다. 겨울에는 난방기를 트는 대신 내의를 입고 따뜻한 물을 자주 마심으로서 겨울을 났다. 심지어 물을 절약하기 위해 집무실 화장실 변기 속에 벽돌 한 장을 넣어둘 정도였다. 그는 또 전기를 아끼기 위해 자주 집무실에서 스탠드만 켜놓고 업무를 보기도 했다.

그가 지독하리만치 근검절약한다고 해서 주위 사람들에게까지 인색하게 대하진 않았다. 박영수 전 비서실장이 민정비서관으로 근무할 때의 일이다. 박정희는 동남아 순방에 나서기 하루 전에 갑자기 박 비서관을 급히 찾았다. 그리고 그는 박 비서관에게 "하마터면 깜빡 잊고 그냥 갈 뻔했다"며 활동비를 건네주었다. 이처럼 그는 바쁜 일정 속에서도 직원들을 배려하는 것을 잊지 않았다. 박정희는 힘없고 가난한 사람들을 특히 감쌌는데 그의 이런 면은 다음 일화에서도 잘 나타난다.

새마을운동 때 있었던 일이다. 박정희는 어느 날 수출품을 생산하는 공장을 시찰했다. 농촌 출신의 어린 기능공들이 열심히 일하는 모습을 지켜보던 그는 한 여자 기능공에게 다가가 소원이 무엇인지 물었다. 그러자 그녀는 이렇게 답했다.

"영어 공부를 하고 싶습니다. 영어를 모르는 탓에 관리자의 말씀을 잘 알아들을 수가 없기 때문입니다."

순간 박정희는 깜짝 놀랐다. 사실 그 여자 기능공이 임금 인상이나 근무여건 개선 등에 관해 답할 줄 알았기 때문이다. 그러면서 그의 눈가에는 이슬이 배어났다. 자신의 힘들었던 어린 시절이 떠올랐기 때문이다. 박정희는 옆에 서 있는 사장에게 "힘들게 일하고 있는 이들이 공부를 할 수 있는 길이 없겠소?"라고 말했고, 사장은 즉시 야간학교를 세우겠다고 대답했다.

박정희는 과묵했지만 검소하고 수줍음이 많은 성격의 소유자였다. 그럼에도 그 누구도 그 앞에 서면 할 말을 제대로 하지 못했고 안절부절하지 못했다. 그 이유는 작고 사소한 것을 절대 놓치지 않는 디테일한 스타일 때문이다. 사실 그의 강한 카리스마 역시 디테일에서 나온다고 해도 과언이 아니다. 어느 누구든 자신이 모시는 대통령이 꼼꼼하지 못하다면 만만하게 여길 것이다.

무엇보다 디테일한 면의 소유자들은 이기적이지 않다. 자신보다 다른 사람을 더 잘 챙긴다. 디테일하기 때문에 먼저 상대방의 입장에서 헤아릴 줄 아는 배려심을 가지고 있다. 그래서 사람들은 디테일에 강한 사람을 좋아하고 따르는 것이다.

직업세계나 조직생활에서 디테일하지 못한 사람은 자신의 입지를 굳히기 힘들다. 디테일하지 못하다는 것은 자신의 본분에 최선을 다하지 못한다는 뜻이기 때문이다. 따라서 이런 사람이 성과를 발휘하거나 능력을 인정받는 일은 극히 드물다.

대부분의 문제들은 디테일하지 못한 부분에서 일어난다. 2011년 2월에 발생한 영광원전 5호기의 고장 원인 역시 작업자의 실수로 30cm 길이의 드라이버가 모터 안으로 들어갔기 때문으로 밝혀졌다. 모터의 고정자와 회전자 코일 사이에서 드라이버가 발견되었는데, 영광원전 측은 이 드라이버 끝 부분이 회전자 쪽 코일에 닿으면서 쇼크가 발생한 것으로 해명하고 있다. 이 모터는 원자로 냉각재 펌프를 움직이게 하는 것으로, 한 번 설치되면 원전 수명이 다하는 40년 동안 사용할 수 있는 고가의 정밀기계다. 따라서 이런 사소한 실수로 고장이 났다니 정말 어처구니없는 일이다.

같은 달 광명역에서 발생한 KTX 탈선 사고도 차량 결함보다는 선로 전환기를 제대로 수리하지 않고 선로 전환기를 잘못 조정해서 발생한 인재(人災)로 밝혀졌다. 코레일 직원들은 수리를 잘못했을 뿐 아니라 수리결과를 관제센터에 신고하지도 않은 것으로 조사되었다. 그런데 더 큰 문제는 용역업체와 코레일 직원들, 철도관제센터 등에서 동시다발적으로 크고 작은 실수를 저질렀던 것이다. 이런 어이없는 실수들이 복합적으로 작용하면서 자칫 대형 참사로 이어질 뻔했다. 이 KTX 탈선 사고의 원인은 세 가지로 꼽을 수 있다.

너트를 꽉 조이지 않았다

먼저 11일 새벽 1시 30분에서 4시 30분 사이 선로 전환기 정비 용역업체 관계자들은 광명역 선로전환기 컨트롤박스에 있는 노후 케이블

등을 교체하는 작업을 했다. 이때 실수로 작업 중에 너트를 하나 채우면서 꽉 조이지 않았다. 그 결과 지름 약 7밀리미터의 너트가 사고의 단초가 된 것이다.

마무리가 완벽하지 못했다

관제센터로부터 에러 신호가 잦다는 연락을 받았다. 코레일 관계자들은 아침 7시 30분쯤 광명역 현장에서 선로 전환기를 뜯어 점검했지만 원인을 찾지 못했다. 그들은 임시방편으로 선로 전환기를 차후에 수리하기로 한 뒤 우선 직진만 가능하도록 장치를 조정하는 것으로 마무리했다. 그러나 이날 사고는 KTX 열차가 부산에서 광명역까지 왔다가 곧 승객을 싣고 다시 부산으로 가기 위해 선로를 왼쪽에서 오른쪽으로 바꾸는 데서 일어났다.

보고가 제대로 이루어지지 않았다

코레일 직원들이 직진만 가능하도록 조작해놓은 다음 관제센터에 이런 사실을 알리지도 않았다. 현장의 위험성을 전혀 알지 못한 관제센터는 이 사실을 모르고 선로를 바꾸도록 관제했고 그 과정에서 사고가 난 것이다.

대부분의 대형 참사는 작고 사소한 실수에서 비롯된다. 영광원전 5호기 고장과 광명역 KTX 탈선 역시 이런 디테일하지 못한 부분에서 일어났다. 철도사고 전문가인 삼성물산 강기동 고문은 이렇게 설명한다.

"이번 사고는 기계적인 결함 때문이 아니라 조작 잘못이나 부주의 때문에 발생했다. 에러 사인이 났을 때 어떤 조치를 취해야 하는지 관련 매뉴얼이 다 있을 텐데 절차대로 하지도 않고 필요한 기본적인 연락이나 조치도 취하지 않았다."

1995년 2월 26일, 영국의 중앙은행인 잉글랜드은행이 발표한 소식은 전 세계를 경악하게 만들었다. 베어링스은행이 모든 거래를 중단하고 파산절차에 들어간다는 믿을 수 없는 소식이었다. 열흘 후, 233년의 역사를 자랑하는 베어링스은행은 1파운드라는 상징적인 가격에 네덜란드의 ING그룹에 매각되는 고통을 맛봐야 했다.

엘리자베스 2세(Elizabeth II)를 비롯한 상류층을 주 고객으로 영업하던 공룡은행인 영국의 베어링스은행이 파산한 이유는 무엇일까? 스물여덟 살의 풋내기 직원 닉 리슨(Nich leeson) 때문이었다. 리슨은 작고 사소한 부분이 가장 중요하고 큰 부분이라는 것을 간과했던 것이다.

닉 리슨은 영국의 빈민가에서 태어나 대학 문턱에도 가보지 못한 청년이었다. 그는 1987년 모건스탠리에 입사해 2년간의 경력을 쌓고 베어링스은행으로 자리를 옮기게 되었다. 1989년, 런던의 베어링스은행에 입사한 그가 처음 맡은 일은 결제업무였다. 때마침 베어링스은행은 파생금융상품으로 영역을 넓혀가고 있었고 리슨도 여기에 합류하게 되었다. 그리고 1992년부터는 해결이 어렵거나 곤란한 일들을 처리하는 전담직원으로 배치되어 인도네시아에서 지사를 설립하고 도쿄지사의 내부 사기혐의 조사에 참여하는 등 일련의 업무를 성공적으로 수행하면서 능력을 인정받기 시작했다. 바로 그 무렵 싱가포르 화폐거래소가 아시아의 신흥금융 중심으로 도약하겠다는 계획을 발표했고, 이 베어링스은행은 싱가포르에서의 입지 강화를 위해 현지에 베어링스선물회사라는 자회사를 설립하고 리슨을 파견했다.

싱가포르에 도착한 리슨은 초기에는 런던에서 하던 대로 결제업무만 담당했으나 점차 일손이 부족해지면서 선물거래까지 직접 손을 대게 되었다. 리슨이 선물거래를 통해 거액의 수입을 올리자 베어링스은행은 그를 깊이 신임하게 되었고, 드디어 리슨은 베어링스은행 싱가포르 지사의 이사로 승진했다. 그 후 그는 물 만난 고기처럼 전보다 자유롭게 거래를 주도하며 자신의 능력을 과시해나갔다.

1993년 당시 스물여섯 살이었던 닉 리슨이 베어링스은행을 위해 벌어들인 돈은 무려 1,000만 파운드에 달했다. 그해 베어링스은행 총수익의 10%에 해당하는 금액이었다. 그는 비상한 재주로 회사 경영진의 신임과 동료들의 부러움을 한 몸에 받았다.

1992년, 닉 리슨이 싱가포르에서 선물딜러로 일하기 시작했을 때, 베어링스은행에는 거래과정에서 발생하는 경미한 실수를 처리하기 위한 가상의 계좌인 '99905에러계좌'가 있었다. 이것은 금융시스템 운영과정에서 흔히 사용하는 정상적인 방법이었다. 1992년 여름, 런던에 있는 베어링스 본사는 리슨에게 별도의 에러계좌를 개설해서 그간의 작은 실수들을 자체적으로 정리하도록 지시했다. 런던 본사에서의 업무 편의를 위한 것이었다. '88888에러계좌'는 이렇게 해서 생겨났다.

그로부터 몇 주 후 런던 본사는 다시 본래 사용하던 '99905에러계좌'를 통해 본사와 통일적으로 연락하라는 지시를 내린다. 본사의 치명적인 실수는 바로 여기에 있었다. 리슨이 이미 개설한 '88888에러계좌'를 확실하게 폐기처리하지 않은 것이었다. 이것이 훗날 베어링스은행의 역사를 완전히 뒤바꿔놓고 말았다.

1992년 7월 17일, 리슨의 부하직원인 짐 왕이라는 딜러가 니케이지수선물을 매입하겠다는 고객의 요구를 매도로 잘못 입력하는 바람에 2만 파운드의 손실을 초래했다. 그날 저녁 결산 때 리슨이 이 실수를 발견했다. 손실액이 꽤 컸던 탓에 리슨은 이를 '88888에러계좌'를 이용해서 감추기로 했다.

1993년 1월에는 조지 서라는 리슨의 부하직원이 또다시 큰 실수를 범하고 말았다. 조지 서는 리슨의 절친한 친구이기도 했다. 조지는 아내와 이혼한 후로 우울한 나날을 보내며 자포자기의 상태에 빠져 있었는데, 그 때문이었는지 어느 날 실수를 범해 무려 800만 파운드의 손실을 자초했다. 이를 본사에 보고하면 조지는 당장 파면될 것이고 리슨도 팀장 자리에서 물러나야 할 판이었다. 리슨은 이번에도 '88888에러계좌'를 통해 이 손실을 숨겼다.

그 후 리슨은 실수로 손실이 발생할 때마다 그것을 감추기 위해 이 계좌를 이용했다. 실수는 감춰지고 겉으로 드러나는 리슨의 실적은 언제나 흑자였기 때문에 그는 회사에서 유능한 딜러로 인정받게 되었다. 그러는 사이에도 '88888에러계좌'의 손실액은 계속 눈덩이처럼 커지고 있었다. 리슨은 점점 빠져나올 수 없는 늪 속으로 깊이 빠져들었다. 그는 시장 추세와는 반대로 거액의 돈을 이리저리 굴렸고 그럴수록 손실은 기하급수적으로 불어났다. 그런데 본사에서는 그가 더 많은 돈을 벌어올 것이라는 기대에 부풀어 그가 송금을 요구할 때마다 말없이 내주었다. 4주 동안 본사에서 그에게 송금한 금액이 무려 8억 5,000만 달러에 달했다.

1995년 2월 23일은 베어링스은행의 선물거래가 이루어진 마지막 날이었다. 하지만 시장 상황은 리슨의 예상과 완전히 어긋났다. 리슨의 손실액은 무려 8억 6,000만 파운드에 달했다. 베어링스은행의 전체 자본금의 1.2배에 해당하는 금액이었다. 2월 26일, 결국 베어링스은행의 파산이 공식 발표되었다.

과거 엘리자베스 2세를 비롯한 상류층이 주 고객이었던 영국의 베어링스은행은 작고 사소한 부분을 소홀히 한 탓에 결국 파산하고 말았다. 우리는 승승장구하고 있던 베어링스은행이 파산하는 과정을 살펴보면서 이런 질문을 던져볼 수 있다. '만약에 베어링스은행 본사가 일손이 모자라더라도 닉 리슨이 선물거래에 손을 대지 못하게 했다면?', '런던에 있는 베어링스은행 본사가 리슨에게 별도의 에러계좌를 개설해서 그동안의 작은 실수들을 자체적으로 처리하도록 하기보다 직접 처리했다면?', '리슨이 작은 실수들을 자체적으로 처리했다는 보고를 받았을 때 본사가 88888에러계좌를 확실하게 폐기처리했더라면 어떻게 되었을까?'

분명한 것은 닉 리슨이 자기 마음대로 회사 돈을 사용하지 못했을 것이라는 점이다. 그랬다면 결과적으로 베어링스은행의 전체 자본금의 1.2배에 달하는 8억 6,000만 파운드의 손실도 보지 않았을 테고, 네덜란드의 ING그룹에 매각되는 일도 일어나지 않았을 것이다. 결국 작고 사소한 부분을 놓치는 바람에 공룡은행이었던 베어링스은행이 무너졌다. 자신의 분야에서 성공하고 싶다면 디테일에 강해야 한다. 그래야 조직에서 자신의 입지를 굳히고 실력을 발휘할 수 있다.

박정희가 대통령으로서 많은 성과를 발휘할 수 있었던 것은 디테일에 강했기 때문이다. 디테일에 강한 스타일이 그를 만든 것이다. 절대 작고 사소하다고 해서 가볍게 치부하지 마라. 소홀히 여기는 순간 자신이 조직에서 소홀히 여겨지게 된다. 그동안 나는 작고 사소한 부분을 놓치는 바람에 5년 후, 10년 후 미래가 암울해지는 사람들을 많이 봐왔다.

잘나가는 사람들만
챙기지 마라

　박정희는 훈훈한 인간애를 가진 대통령이었다. 그는 인간애를 나약하고 낮은 곳에 있는 사람들에게 몸소 실천했다. 과거 박정희가 문경공립보통학교 교사였던 시절을 살펴봐도 부유한 집의 아이들보다 가난한 집의 아이들에게 더욱 관심과 사랑을 쏟았다는 것을 알 수 있다. 소풍 때는 가난해서 점심을 싸오지 못한 학생들에게 도시락을 나누어주고 발목을 다친 학생들을 업고 산길을 내려왔던 적도 있을 정도로 따뜻한 가슴의 소유자였다.

　박정희의 인간애는 인생 여정 곳곳에서 나타난다. 그는 군사혁명을 일으키기 며칠 전 대구에서 선산으로 가는 중에 보따리를 든 가족들이 유랑민처럼 아무렇게나 쓰러져 있는 모습을 보았다. 보릿고개에 먹고 살 길을 찾아 나선 농민들이었다. 그는 지프차를 세우고는 한참이나 그들을 바라보았다. 얼마 동안이나 굶었는지 아이들의 눈은 퀭했으며 생기라고는 찾아볼 수 없었다. 뼈만 앙상한 아이의 부모 얼굴은 절망감과 두려움으로 가득했다. 박정희는 지프에서 내려 굶주림으로 바짝 마른 아이의 머리를 몇 번이나 쓰다듬어주었다. 그러는 사이 자신도 모르게 눈물이 볼을 타고 흘러내렸다. 그날 박정희는 일기에 이렇게 적었다.

우리가 언제까지 이렇게 살아야 하는가! 실의와 좌절, 굶주림과 허탈, 원망으로 가득 찬 군상들을 어찌한단 말인가! 저 어린아이들에게 무슨 죄가 있단 말인가! 그래도 이 나라 정치인들은 권력에만 눈이 어두워 감투싸움으로 세월만 보낼 것인가! 아니다! 이 나라 정치인들의 버릇을 단단히 고쳐놓아야 한다. 우리도 남의 도움 없이 살 수 있는 나라를 만들어야 한다.

그의 일기에서 굶주림으로 절박한 상황에 놓여 있는데도 부정부패와 정쟁에만 관심 있는 정치인들에 대한 분노를 느낄 수 있다. 그 분노의 근원은 가난으로 고통과 절망감을 느끼고 있는 국민들을 향한 안타까운 마음에 있었다. 그래서 그가 대통령에 오른 후 관심의 초점은 잘사는 나라, 국민들을 굶주리지 않고 배불리 먹을 수 있는 해결책을 찾기에 맞춰져 있었다.

청와대에 배달되는 신문을 가장 먼저 펼쳐드는 사람은 박정희였다. 그는 기상 후 항상 신문을 통해 민생과 나라 형편을 살피는 것으로 하루 일과를 시작했다. 그는 신문을 토막기사까지 꼼꼼하게 읽으며 때로 중요한 부분에는 빨간 줄을 긋기도 했다. 때로 신문에 형편이 절박한 처지에 내몰린 사람들의 이야기가 실리곤 했다. 그럴 땐 그냥 넘기지 않고 민정비서관을 시켜 격려와 용기를 담은 금일봉을 전달했다.

1978년 12월 16일자 〈서울신문〉에 '실명한 아버지에게 내 한 눈을' 이라는 기사가 소개되었다. 실명한 아버지에게 딸이 자신의 한쪽 눈을 드리고 싶다는 내용의 기사였다. 주인공은 충북 보은여중 1학년에 재학 중인 열네 살 허금희 소녀였다. 그 소녀는 2년 전만 해도 아버지가 자전거포를 운영해서 생활이 어렵지 않았다고 말했다. 그런데 갑자기 원인을 알 수 없는 눈병을 얻어 시야가 흐려지더니 증세가 심해졌다는 것이다. 결국 가게 일을 그만두고 1년 동안 병원에서 치료를 받았지만 증세가 악화되어 아버지는 결국 실명하고 말았는데, 가족은 실명한 아버지의 병원비와 약값 때문에 집까지 처분한 뒤 가까스로 토담집 사글셋방을 얻을 수 있었다.

생계를 책임지던 아버지가 일을 할 수 없게 되자 어머니가 생계를 도맡았다. 어머니는 행상을 하고 품을 팔아 간신히 생계를 유지할 수 있었지만, 허금희 학생은 매일 방 안에서만 지내는 아버지를 볼 때마다 너무나 가슴이 아팠다. 그러던 어느 날 소녀는 우연히 이식수술을 통해 앞을 볼 수 있다는 사실을 알고는 자신의 눈을 아버지에게 드리기로 마음먹었다. 그래서 바로 서울 을지병원에 사연을 적은 편지를 보냈다. 그리고 얼마 후 소녀가 다니던 학교에서 그 사연을 접하게 되었다. 학교는 어려운 상황에서도 효심을 잃지 않는 소녀의 사연을 한 신문사에 알렸고 기사가 실리게 되었다. 그 기사를 마침 박정희 대통령이 본 것이다.

박정희는 즉시 정종택 충북지사에게 전화를 걸어 소녀의 아버지가 수술을 통해 앞을 볼 수 있는지 알아보도록 지시했다. 그는 또 만약 각막이식 수술이 가능하더라도 절대 소녀가 한쪽 눈을 못 쓰게 하는 일이 있어선 안 된다고 강조했다. 병원 진찰 결과, 안타깝게도 소녀의 아버지는 각막이식이 불가능한 완전 실명 상태로 판명이 났다. 그 사실을 전해들은 박정희는 눈시울이 뜨거워졌다.

박정희는 사글셋방에 살고 있는 소녀의 가족에게 금일봉을 전하고는 충북지사에게 집이라도 한 칸 마련해주고 가족의 생계를 도울 수 있는 지원책을 찾아보라고 지시했다. 그리고 얼마 후 소녀의 어머니는 보은군청 청소부로 채용되었고, 가족에게는 대지 65평에 건평 16평짜리 아담한 집이 마련되었다. 또한 소녀의 사연을 전해들은 전국 각지의 사람들이 보내온 성금으로 소녀의 가족들은 용기를 가지고 살아갈 수 있었다.

1970년대 초 어느 해 늦은 봄이었다. 경기도 성남에 사는 한 가정주부가 청와대로 편지를 보내왔다. 편지에는 여든 살이 넘은 시어머니를 모시고 세 자녀와 함께 살고 있는데 서울역 앞에서 행상을 하던 남편이 교통사고를 당해 몇 달째 누워 있어서 가족이 며칠째 굶고 있다는 사연이 담겨 있었다. 그녀는 무엇보다 아들이 교통사고를 당한 것도 모른

채 마냥 굶고 있는 시어머니가 너무나 불쌍해서 며느리로서 견딜 수 없다고 고백했다. 그 편지를 접한 육영수 여사는 비서관을 시켜 그 주부의 집에 쌀 한 가마니와 약간의 돈을 가져가도록 지시했다. 당시 성남은 서울에서 살다가 밀려난 철거민들과 시골에서 올라와 가난을 면해보고자 모여든 사람들이 주류를 이루고 있었다.

비서관은 번지수가 정리가 안 된 탓에 한참 후에야 가정주부의 집을 찾을 수 있었다. 그가 대문을 열고 집으로 들어가니 마침 가족이 저녁을 먹고 있었다. 방 안이 어두침침해서 사물 분간이 어려웠는데 잠시 후 편지에서 말한 시어머니의 모습이 눈에 들어왔다. 그리고 상에는 국그릇과 간장 종지가 놓여 있었고, 할머니는 양푼에 수북이 담겨 있는 하얀 쌀밥을 한 숟갈씩 입에 떠넣고 있었다.

순간 비서관은 자기 눈을 의심했다. 밥상에 놓여 있는 밥이 쌀밥처럼 보였기 때문이었다. '편지에는 며칠 동안 굶는다고 써놓고는 쌀밥을 먹고 있구만. 지금 대통령께서도 잡곡밥을 먹고 있는데….'

그런데 잠시 후 시야가 밝아지면서 방 안이 자세히 보였다. 아뿔싸! 그는 깜짝 놀라고 말았다. 양푼에 담겨 있는 것은 하얀 쌀밥이 아니라 아카시아꽃이었던 것이다. 비서관은 며칠 후 대통령 내외와 저녁식사를 하면서 자신이 다녀왔던 성남 가정주부네 이야기를 보고했다. 이야기를 전해들은 박정희는 수저를 놓은 채 말없이 천장을 응시했다. 나라가 가난한 탓에 국민들이 굶고 있다는 사실에 가슴이 아팠기 때문이다.

박정희가 장충체육관 건너편 언덕배기에 있던 의장 공관에서 청와대로 이사를 하던 날이었다. 그날은 몹시도 추웠는데 육영수 여사는 며칠 전부터 이사 준비로 분주했다. 육 여사는 훈장, 철모, 헌 군화, 지도 등 남편의 추억이 될 만한 것에서부터 가족의 손때 묻은 물건은 하나도 빠짐없이 챙겼다. 이사 준비를 마친 육 여사는 청소까지 마친 뒤 쌀독과 연탄광에만 흔적을 남겼다. 쌀과 연탄을 배달시켜 쌀독을 채우고 연탄을 광에 쌓아두게 했다. 그때 누군가 육 여사에게 물었다.

"어머니, 곧 떠나시는데 무엇에 쓰시려고요?"

그러자 육 여사는 이렇게 답했다.

"새로 들어와 살 사람들을 위해서요."

박정희 못지않게 그의 아내 육영수 여사의 따뜻한 마음이 그대로 전해진다.

그동안 나는 이 책을 집필하기 위해 박정희 대통령에 관한 수많은 자료들을 읽었다. 그 과정에서 눈시울이 뜨겁고 혼자 몰래 눈물을 훔쳤던 적이 적지 않았다. 그만큼 박정희의 따뜻한 인간애가 느껴졌기 때문이다. 그는 언제나 나라, 국민 걱정이었다. 물론 나와는 다른 의견을 가진 사람도 있으리라 생각한다. 이해한다. 나와 당신이 박정희가 걸어온 길을 같은 색의 안경을 끼고 볼 수 없기 때문이다. 다만 당부하고 싶은 것은 그가 어떤 어린 시절을 보냈고 어떤 청년기를 보냈으며, 왜 군사혁명을 일으켜야 했는지, 그리고 그 후 그가 어떤 행보를 걸었는지 세세하게 알았으면 하고 바랄 뿐이다. 박정희는 절대 대기업과 잘나가는 사람들만 챙기지 않았다. 그는 자신이 가난한 어린 시절을 보냈던 만큼 누구보다 힘없고 낮은 곳에 있는 사람들의 애환과 고통을 잘 알고 있었다. 이런 그의 인간애가 인간 박정희를 있게 한 힘이라고 할 수 있다.

어느 조직이건 잘나가는 사람의 라인에 줄 서는 사람들이 많다. 그들은 훗날 자신에게 떨어질 콩고물을 기대하고 그에게 충성을 바치며 헌신한다. 그러나 나는 그동안 라인에 섰다가 처절하게 배신당했던 사람들을 많이 봐왔다. 그래서 잘나가는 사람에게 간, 쓸개 다 빼줄듯이 충성하는 사람 혹은 라인에 줄 대기 위해 애쓰는 사람을 보면 안타까운

진해 벚꽃 길을 산책하는 평범한 박정희 대통령의 모습   출처 : 박정희 대통령 기념관

마음이 먼저 앞선다. 그들은 모르고 있다. 자신이 서 있는 라인이 언제까지고 밥줄이 되어주지는 못하고, 부족한 자신의 실력이 계속 노출되거나 성과 부진이 이어질 때 힘겹게 올라탄 거인의 어깨에서 추락하고 만다는 것을.

성공을 부르는
입버릇 법칙

작은 성공은 강한 자신감으로 이어져 마침내 큰 성공으로 이끈다. 하지만 작은 성공이라고 해서 쉬운 것은 아니다. 주위를 둘러보면 작은 성공은커녕 잦은 실패로 좌절과 패배감에 빠져 있는 사람들이 많은 것도 이 때문이다.

그런데 신기한 것은 성공한 사람이 계속 성공한다는 것이다. 반대로 실패하는 사람은 계속 실패의 늪에 빠져 헤매게 된다. 그 이유는 무엇일까? 그동안 나는 작은 성공과 실패가 눈덩이처럼 불어나게 하는 요인을 찾기 위해 많은 성공자들과 실패자들의 습관과 마인드 등에 대해 분석했다. 그 결과 두 부류는 습관과 마인드 외에 또 하나의 차이점이 있었다. 바로 습관적으로 내뱉는 입버릇이었다. 성공자들은 언제나 긍정의 말을 하는 반면에, 실패하는 이들은 부정의 말만 일삼으며 달아날 쥐구멍만 찾았다. 어쩌면 당신은 입버릇이 성공과 무슨 상관이 있느냐고 반문할지도 모른다. 물론 상관이 있다. 그것도 아주 크게! 어떤 거짓말도 천 번 반복하면 진실이 된다. 뇌는 진실과 거짓을 구분하지 못하기 때문이다. 계속 같은 자극을 받게 되면 그것을 믿어버리는 것이다.

그렇다면 자신이 바라는 것, 즉 목표와 꿈을 하루에 천 번씩 중얼거린다고 가정해보자. 그렇다면 그것 역시 마침내 실현된다. 그 이유는 뇌는 그것을 실현하기 위해 자율신경계를 통해서 '자동 목적 달성 장치'를 작동시켜 목표와 꿈 실현에 있어 조금이라도 도움이 되는 지식과 정보가 있다면 스펀지처럼 흡수한다. 때로는 그런 유익한 것들을 끌어당기기도 한다. 그렇게 해서 얻은 기회를 흔히 행운이라고 일컫는다.

언어학자에 따르면 사람은 세상을 살아가는 데 하루에 최소한 삼천여 번의 대화를 한다고 한다. 우리는 아침에 기상하면서부터 잠들 때까지 누군가와 끊임없이 대화한다. 따라서 그 사람이 어떤 사람인지 파악하려면 말하는 습관을 보면 알 수 있다.

자신이 하는 일에서 성과를 발휘하거나 작은 성공을 하고 싶다면 먼저 자신이 바라는 바를 입으로 되뇌는 습관을 가져야 한다. 즉, 성공을 부르는 입버릇을 습관화해야 한다는 말이다.

박정희가 대통령 재임기간 수많은 성과를 발휘할 수 있었던 것은 '된다'는 긍정적인 사고에서 비롯되었다고 볼 수 있다. 그동안 그가 사석이나 공식석상에서 한 말을 살펴보면 모두가 긍정적이고 진취적이라는 것을 알 수 있다. 쉽게 말해 그는 시도도 해보기 전에 결코 불가능하다고 여기지 않았다는 것이다. 또한 시도하는 과정에서 시련과 역경이 닥쳐도 어떻게든 해결점을 찾아 성과를 냈다. 과거에 그가 했던 연설문을 살펴보면, 하나같이 국민들의 가슴에 자신감과 용기를 불러일으킨다는 것을 알 수 있다.

"나는 앞으로 중화학공업 시대의 막을 올리고, 한강변의 기적을 4대 강에 재현시킬 것이며, 수출입국의 물결을 5대양에 일으키고, 농어촌을 근대화해서 우리나라를 곧 중진국 상위권에 올려놓고야 말겠습니다."

"우리는 이 정도로 만족해서는 절대로 안 되겠으며 일본이나 독일의 수준을 따라가야 합니다."

"지금 우리 국력은 많이 성장했고, 우리 경제가 많이 발전했다 하더라도 우리는 결코 현 상태에서 만족해선 안 됩니다."

"제3차 5개년계획은 내년부터 시작됩니다. 이 계획이 끝나면 우리나라 경제는 완전히 자립경제가 될 것입니다. 우리들은 기필코 영령들이 못다 이룬 민족중흥의 대업을 이룩하고야 말 것입니다."

박정희의 어투에서 강한 자신감을 발견할 수 있다. 그와 함께한다면 어떤 힘든 일도 능히 이룰 수 있겠다는 생각마저 든다.
이렇듯 성공하는 사람과 그렇지 않은 사람은 입버릇에서 차이점이 있다. 전자는 늘 긍정이다. 때로 어려운 여건에 처하더라도 그 속에서 긍정을 찾아내기 때문이다. 그래서 희망적인 말과 행동으로 역경을 극복하기 위해 노력한다. 뿐만 아니라 성공하는 사람들은 결과가 어떻든 간에 자신이 온전히 책임을 진다. 그러나 후자는 어떤가? 늘 짜증과 원망, 변명, 핑계와 같은 부정적인 말을 늘어놓는다. 계획하는 일이 꼬이거나 시련에 빠지게 되면 남 탓으로 떠넘긴다. "만약에", "때문에"와 같은 변명으로 실수나 실패에 대한 자기 합리화를 시키는 것이다. 이는 책임 회피로 이어지게 되고 결국 자신의 발목을 잡게 된다.

올해 서른 살의 명문대를 졸업한 임지원 씨는 얼마 전 국내 최대기업인 S사 신입사원 채용에 응시했다. 그간 조마조마하게 결과를 기다렸는데 역시나 오늘도 입사에 실패했다. 그동안 입사시험에 오십 번도 넘게 고배를 마셨다.

"너, 또 떨어졌냐?"

주위 사람들의 염려를 가장한 비아냥거림이 들려오는 듯하다. 하지만 이제는 이런 일쯤은 아무렇지도 않게 느껴진다. 내성이 생긴 것이다.

"또 물먹었네. 벌써 몇 번째야. 남들은 잘만 붙는데, 나는 왜 자꾸 미끄러질까?"

임 씨가 명문대를 졸업할 때 모두들 부러워했다. 아무리 나라가 어렵다 해도 명문대 출신이면 거뜬하게 취업문턱을 넘을 수 있다고 생각했기 때문이다. 그 역시 취업은 낙타가 바늘구멍에 들어가기보다 어렵다는 말은 다른 친구들에게나 해당되는 말이라고 생각했다. 그러나 이제는 뼈저리게 실감한다. 누구도 아닌 자신에게 하는 말이라는 것을.

언제부턴가 그는 자신감이 사라졌다. 어느 기업에서 신입사원을 채용한다는 소식을 들으면 두렵기까지 하다. 지금껏 해왔던 것처럼 입사에 실패하리라는 생각 때문이다. 자꾸만 입사에 실패한 기억들이 떠올라 종종 면접에서 실수를 저지르기도 한다. '내가 뭘 할 수 있겠어?' 그의 머릿속에는 실패에 대한 기억과 두려움이 가득하다.

항상 긍정적인 입버릇을 가져야 한다. 매사 자신감이 없고 부정적인 사람이 하루아침에 긍정적인 사고와 말을 한다는 것은 어렵고 귀찮은 일이다. 하지만 그렇다고 해서 포기한다는 건 남은 인생을 실패자로 살겠다고 선언하는 것과 같다.

부정적인 입버릇을 가진 사람을 좋아하는 사람은 아무도 없다. 행운마저 등을 돌린다. 누군가와 대화를 할 때도 긍정적인 화법으로 대화를 해야 상대방에게 좋은 인상을 심어줄 수 있다. "그건 힘들겠습니다", "그건 안 될 텐데요"와 같은 어법은 상대방의 기분을 다운시키지만 "되는 방법을 찾아보겠습니다", "다 잘될 겁니다"와 같은 긍정적인 말은 강한 에너지를 고취시킨다.

지난해 말 H중공업에 입사한 이진희 씨. 그의 좌우명은 '원하는 것이 있으면 무엇이든 도전하자'다. 경북대 영문학과를 졸업한 그는 수출입

업무부에서 계약부터 수출대금 회수까지의 전반적인 수출입 관련 업무를 맡고 있다. 요즘은 매일 책상에 수십 장씩 쌓이는 서류를 보며 성장하는 회사를 온몸으로 느끼고 있다. 그는 다들 하나쯤 갖고 있다는 컴퓨터 자격증도 없고, 외국으로 어학연수도 다녀오지 않았다. 그렇다면 그의 합격 비결은 무엇일까?

"학점이 좋은 사람이기보다는 내가 가진 능력을 보여주고 싶었어요. 무엇보다 매일 꾸준히 내 자신이 합격하는 상상과 함께 반드시 합격한다는 말을 하루에도 수백 번씩 주문처럼 외웠어요."

그는 몇 달 전 우연히 서점에 갔다가 긍정에 관한 책을 접하게 된 것이 오늘의 입사 성공비결이라고 말했다. 그는 매일 10분가량 자신이 입사에 성공하는 상상과 함께 긍정의 입버릇으로 원하는 바를 성취할 수 있었다.

이탈리아의 천재 예술가 레오나르도 다 빈치(Leonardo da Vinci). 과학자들은 레오나르도의 천재적 창조성은 선천적인 것이 아니라 후천적 노력에서 기인한 것이라고 말한다. 특히 그가 즐겨 사용한 사유 도구가 바로 '상상'과 '긍정의 입버릇'이다. 그는 아이디어가 떠오르면 먼저 머릿속에서 구체적으로 그려보았다. 그리고 아이디어가 어느 정도 구체화되면 행동에 옮겼는데, 이 과정에서 숱하게 실패를 경험해야 했다. 그때 그가 포기하지 않을 수 있었던 것은 '해낼 수 있어'라는 자기 긍정의 입버릇 덕분이었다.

오래전 미국에서 있었던 일이다. 〈토요 리뷰(Saturday Review)〉의 노만 카슨(Norman Cousins) 편집장이 난치병에 걸렸다. 그 병은 모든 관절이 약해져 몸을 움직일 수 없는 병으로 완치확률은 0.2%에 불과했다. 어느 날 노만 카슨은 우연히 한 건강 서적을 읽게 되었다. 그는 그 책을 읽으면서 충격에 빠졌다. 책에는 '부정적인 정서는 신체에 나쁜 영향을 미친다. 긍정적인 생각은 살균작용을 한다'라는 내용이 담겨 있었기 때문이다.

그는 그날부터 정서에 부정적인 영향을 줄 만한 책과 TV프로는 전혀 보지 않았다. 비극적이거나 폭력적인 것들을 피하고 창조적이며 긍정적인 것만 골라 읽고 보았다. 그리고 누구도 자신에게 부정적이거나 비극적인 말을 하지 않도록 당부했다. 그러자 그의 병실에는 즐거운 음악이 흘렀고 희망이 가득한 책들이 쌓였다. 그의 병 역시 서서히 차도를 보였다. 1년 후 노만 카슨은 퇴원하게 되었고 그의 표정은 입원할 때보다 훨씬 밝았다.

긍정적인 입버릇은 놀라운 힘을 지니고 있다. 평소 사용하는 단어를 부정어에서 긍정어로 바꾸어보라. "난 못 해"가 아니라 "한번 해보지 뭐"와 같은 긍정적인 어법은 자신감을 불러일으킨다. 그러나 안타깝게도 소수의 사람들만 긍정의 말을 할 뿐 대부분의 사람들은 평소에 부정적인 말을 더 많이 한다. 이것이 세상에 성공자보다 실패자가 더 많은 요인 가운데 하나다.

지금 하는 일에서 성과를 발휘하고 싶은가? 그렇다면 먼저 말투부터 바꿔라. "그 일은 불가능해요"라는 말을 "그건 얼마든지 가능해요"로 고쳐보자. "그런 일은 나하고는 안 어울려"라는 말을 "왜 나라고 못 해?" 하고 긍정으로 바꿔야 한다. 이처럼 긍정의 입버릇이 습관화되면 차츰 운명도 달라진다. 긍정의 입버릇이야말로 패배자의 뇌에서 성공자의 뇌로 바꿔주기 때문이다.

영국의 작가이자 비평가였던 존 러스킨(John Ruskin)은 "마지막에는 우리가 생각하는 것, 우리가 아는 것, 우리가 믿는 것은 별로 중요하지 않다. 중요한 것은 우리가 그것을 행하느냐는 것이다"라고 말했다. 그렇다. 자신이 바라는 것을 성취하기 위해선 이미 알고 있는 것을 실천해야 한다. 모든 성공의 열쇠는 '긍정'이다. 자, 지금 당장 '긍정의 입버릇' 스위치를 켜라.

문제보다
문제 해결에 집중하라

늘상 우리 주위에는 위기가 도사리고 있다. 하지만 사람에 따라 위기는 기회가 되기도, 참혹하게 난도질하는 도끼가 되기도 한다. 조직에는 두 부류의 리더가 있다. 문제보다 문제 해결에 집중하는 리더와 어떤 문제의 조짐이 발견되면 적극적으로 대처하기보다는 예상하는 문제가 터지기 않길 바라는 리더다. 전자는 문제를 위기로 여기지 않는다. 그러다 보니 문제를 확대해석하는 우를 범하지도 않는다. 그에게 있어 문제는 그저 풀어야 할 숙제와 같다. 학생이 숙제를 하고 나면 성취감에 마음이 뿌듯하듯이 문제 역시 해결하고 나면 한층 성숙해진 자신을 느낄 수 있다.

그러나 후자는 문제를 위기로 받아들인다. 그래서 문제 앞에서 한없이 작아진 자신의 모습을 느낀다. 그래서 자신도 모르게 문제를 확대해석하게 된다. 아무리 머리를 쥐어짜봤자 답은 떠오르지 않고 절망감만 더해간다.

탁월한 리더는 문제가 있으면 반드시 해결책도 있다고 믿는다. 그래서 문제 중심이 아니라 해결책 중심의 삶을 산다. 박정희의 인생 여정을 살펴보면 항상 그는 문제 앞에서 당당했다는 것을 알 수 있다. 그는 아무리 복잡한 문제도 어딘가 반드시 실마리가 있다고 생각했다. 그래서 그는 한 나라의 리더가 된 후 숱한 시련과 역경 속에서도 성과를 발휘할 수 있었던 것이다. 박정희의 이러한 문제 해결력은 어린 시절에서 비롯되었다. 그는 《나의 어린 시절》에서 이렇게 회고했다.

힘이 세고 말을 잘 들어 먹지 않는 급우가 한 놈 있었음. 그러나 이 자가 수학은 전연 못하고 늘 선생님께 꾸지람을 듣는 것을 보고 내 말을 잘 듣게 하는 방법을 생각하다가 휴식 시간에 산술 문제를 가르쳐주고 숙제 못해온 것을 몇 번 가르쳐주었더니 그다음부터는 내 말이라면 무조건 굴복하던 생각이 난다.

그 아이는 당시 반장이었던 박정희의 속을 많이 썩였던 것으로 보인다. 이런 상황이면 보통 사람 같으면 상대를 하지 않을 것이다. 자신보다 힘이 약한 상대라면 몰라도 무식한 아이가 힘까지 세다면 말보다 주먹이 앞설 것이기 때문이다. 그러나 박정희의 스타일은 달랐다. 그는 힘으로 안 되면 다른 해결책을 찾았다. 그 대안으로 산술 문제를 가르쳐주고 숙제를 도와주는 것으로 상대의 자존심을 구기지 않고도 자신의 편으로 만들었던 것이다. 역시 박정희라는 말이 절로 나온다.

〈소양강 처녀〉라는 노래로 잘 알려져 있는 소양강댐이 있다. 1967년에 착공을 시작한 소양강댐은 1973년 12월에 준공한 국내 최대의 다목적댐이다. 원래 1957년에 구상되었지만 착공한 지 10년 만에야 정부의 수자원 종합개발 10개년계획의 일환으로 건설되었다. 소양강댐은 재원의 일부를 대일 청구권 자금으로 충당했는데, 일본 공영이 설계에서 기술, 용역까지 담당하게 되어 있었다.

그런데 심각한 문제가 있었다. 일본 공영이 설계한 소양강댐은 콘크리트 중력댐이었는데 당시 우리나라 생산시설로는 철근, 시멘트 등 기초 자재의 수급 능력이 역부족이었다. 게다가 산간벽지까지의 운반비뿐 아니라 설계비에 기초 자재비, 기술용역비까지 천문학적인 돈을 일본에 지급해야 할 입장에 처했다.

소양강댐의 공사를 맡은 현대건설 정주영 사장은 공사비를 줄이면서도 성공적으로 댐을 완공할 수 있는 방안을 찾기 위해 골몰했다. 그러던 중 그는 소양강댐 주변에 지천으로 널려 있는 모래와 자갈이 떠올랐다. 그는 즉시 현장으로 관계자들을 파견해 살펴보게 했다. 현장을 둘러본 이들은 정주영의 생각과 같았다. 콘크리트 대신 모래와 자갈을 이용해 사력댐 방식으로 공사하는 것이 훨씬 경제적이라는 것에 의견을 모았다. 정주영은 자신의 생각을 정부에 전했다. 그러자 담당자는 그의 짧은 가방끈을 들먹이며 말했다.

"정 사장, 당신이 댐에 대해서 얼마나 안다고 그러시오. 대체 어디서 댐 공부를 했소. 일본 공영은 동경대 출신 집단이며 세계 모든 댐을 설계한 회사인데 소학교밖에 안 나온 무식한 사람이 사력댐으로 공사하면 지방 상수도 10개의 공사를 할 수 있는 돈을 절약할 수 있다느니 무슨 그런 터무니없는 소리를 해서 어지럽게 만드시오."

정주영은 더 이상 대꾸할 말이 없었다. 사실 그는 동경대는커녕 소학교 졸업장이 학력의 전부였기 때문이다.

건설부장관은 정주영이 직접 박정희에게 사력댐 대안을 제시하면서, 적은 예산으로 댐을 만들고 지방 상수도까지 해결할 수 있다는 말에 대통령이 현혹될까 사뭇 걱정되었다. 그래서 그는 미리 박정희에게 현대의 사력댐 대안에 대한 간단한 보고를 하면서 다음과 같이 말했다.

"각하, 현대 정 사장 말대로 하면 큰일 납니다. 댐을 만드는 도중에 물이 반쯤 찼을 때 예측 못한 큰 비라도 와서 댐이 무너지면 서울시가 다 물에 잠겨 정권이 흔들립니다."

이 말을 들은 박정희는 순간 이런 생각이 들었다. '그렇다면, 댐이 반쯤 찼을 때 무너져도 서울이 물바다가 될 것 같으면 높이 126미터의 콘크리크댐이 완공되어 물이 찼을 때 만약 이북에서 폭격이라도 하면 그때는 끝나는 거 아닌가.'

포병 장교 출신인 박정희에게 만약의 경우 폭격을 맞아도 한 번 들썩하고 조금 패일 뿐 댐이 파괴될 걱정이 없는 사력댐 대안은 신선하게 느껴졌다. 박정희는 댐 공사 도중에 있을지 모르는 홍수에 대비책을 강구해서 사력댐으로 공사를 전환하도록 지시했다. 그 결과 소양강 다목적 댐은 당초 예산의 30%를 줄여 사력댐으로 완공할 수 있었다.

1968년, 박정희는 축산 선진국이었던 호주와 뉴질랜드를 방문했다. 박정희 부부는 마지막 일정으로 뉴질랜드의 오클랜드시에 들렀는데 오클랜드 시장이 축하연회를 베풀었다. 그때 한 6·25 참전용사가 부인과 함께 육영수 여사에게 다가와 인사를 건네며 말했다.

"지금은 한강에 홍수가 나지 않습니까?"

참전용사는 박정희 부부를 보자 전쟁 당시에 보았던 한강의 홍수로 인한 참상이 떠올랐던 것이다. 그러나 질문을 받은 육영수 여사는 어떻게 답해야 할지 난감했다. 육 여사는 이내 침착함을 찾고는 부드러운 미소로 다음과 같이 받아넘겼다.

"지금 한강에는 기적이 일어나고 있습니다."

육 여사의 말에 모두들 웃음을 터뜨렸다. 하지만 박정희 부부의 마음은 무겁기만 했다. 한강의 홍수는 연례행사처럼 재연되어 수많은 인명 피해와 엄청난 피해를 낳았기 때문이다. 귀국한 후 박정희는 급히 한강 홍수에 대해 대책 마련을 지시했다. 그렇게 해서 국민들은 한강 홍수의 기억을 잊을 수 있게 되었다.

뛰어난 리더들은 하나같이 문제의 덩치를 보기보다 먼저 문제의 본질을 제대로 파악한다. 문제의 본질을 제대로 알아야 그에 맞는 대안을 생각해낼 수 있기 때문이다. 그리고 보면 박정희는 탁월한 리더라는 생각이 든다. 그는 문제가 생기면 그 상태에서 대안을 찾기보다 문제를 살짝 비틀어서 가장 딱 들어맞는 해결책을 택한다. 그래서 그는 다수의 그릇된 주장을 따르기보다 외롭고 힘들더라도 현명한 선택을 내린다.

1969년 8월, 박정희는 극심한 수해를 입은 경상남북도의 수해복구 현장의 시찰을 위해 부산으로 향했다. 그런데 중간에 갑자기 특별열차가 멈추는 것이었다. 경북 청도군 청도읍 신도1리 마을 근처였다. 경부선 철도변에 위치한 이 마을은 엉망이 된 다른 마을과는 달리 깔끔하게 수해복구가 마무리되어 있었다. 지붕도 말끔하게 개량되어 있었고, 담장 역시 단정하게 다듬어져 있었다. 마을 주민들의 생활환경이 여느 마을과는 확연하게 차이가 났다. 마을을 둘러보면서 크게 감명을 받은 박정희는 마을 이장을 불러서 비결을 물었다. 그러자 마을 이장이 다음과 같이 답했다.

"기왕 수해로 쓰러진 마을을 복구하는 기회에 환경을 좀 더 잘 가꾸어 깨끗하고 살기 좋은 마을로 만들자고 마을총회에서 뜻을 모았습니다. 그래서 정부에서 해주는 지원 이상으로 마을 주민들이 서로 협동해서 이루었습니다."

이듬해 4월 22일, 박정희는 한해대책 전국지방장관회의 석상에서 신도마을 사례를 소개하면서 농민의 자조노력을 강하게 호소했다. 그러면서 '새마을 가꾸기 운동'을 제창했다. 이를 계기로 새마을운동이 생겨나게 된 것이다.

그리고 그는 '내 집 앞 쓸기 운동'을 제창했는가 하면 직접 청와대에서 직원들과 함께 빗자루를 들고 청소를 하기도 했다. 박정희는 입으로만 새마을운동을 외치지 않았다. 그는 〈새마을 노래〉를 직접 작사, 작곡했는가 하면, 틈나는 대로 서울시와 경기도 일대의 마을을 순방하며 새마을운동을 시찰했다.

　박정희 대통령은 문제보다 문제 해결에 집중했다. 이런 사람은 어떤 위기 앞에서도 좌절하거나 절망하지 않는다. 세상에 답이 없는 문제는 없다고 믿기 때문이다. 사실 그가 걸어왔던 여정 속에는 항상 보통 사람들의 눈으로는 도저히 대안도 없고 해결할 수 없는 문제들이 산적해 있었다. 그러나 그는 어떠했는가. 참모들이 안 된다고 목청을 높일 때도 문제보다 문제 해결에 초점을 맞췄고 그 결과 기적과도 같은 성과를 발휘했다.

　문제가 없는 삶은 없고, 문제가 없는 프로젝트도 존재하지 않는다. 따라서 자신에게 어떤 문제가 주어져도 긍정적인 자세로 적극적으로 해결책에 초점을 맞춰야 한다. 마지막으로 세계적인 성공 컨설턴트 나폴레온 힐(Napoleon Hill)의 말을 들어보자.

　"위기라면 금전적인 것일 수도, 일신상의 문제일 수도, 건강과 관련된 것일 수도 있겠지만 어떤 위기든 각자 신속하게 처리해야 한다. 가장 확실한 위기 대처방법은 문제의 원인이 무엇인지, 누구 탓인지를 가리는 일보다 문제 해결에 초점을 맞추는 것이다. 이를테면 신속하게 손실 평가를 내리고, 신중하게 대안들을 검토하고, 최선의 해결책을 실행에 옮기는 것이다. 그리고 삶에서 위기에 처할 때마다 그것을 직시하고 나름의 방식으로 정복한다면 당신은 더욱 강하고 훌륭한 사람으로 거듭나게 될 것이다."

원칙을 정하면
끝까지 실행하라

박정희는 강한 추진력과 카리스마로 전 분야에 걸쳐 대대적인 개혁을 시도해서 눈부신 성과를 발휘했다. 그중에서 가장 큰 업적은 가난과 패배의식, 좌절에 빠져 있던 당시 국민들에게 눈부신 성과들을 통해 '하면 된다'는 자신감과 긍지를 심어준 것이라고 할 수 있다.

사실 한국의 근대화에서 박정희가 수립해서 시행한 '경제개발5개년계획'을 빼놓을 수 없다. 경제개발계획과 함께 시작된 국가적 차원의 과학기술 개발 로드맵인 기술진흥5개년계획은 경제개발계획의 뿌리로서 기획되었다고 볼 수 있다. 그 시절 이미 그는 과학과 기술이야말로 경제 발전의 근간이 될 것이라고 예견하고 있었다는 말이다. 총 4회에 걸쳐 1981년까지 진행된 기술진흥계획 속에서 우리나라 과학기술은 눈부신 발전을 거듭했다. 제2차 세계대전 후 기술진흥5개년계획을 수립해서 시행한 것은 우리나라가 최초다.

박정희는 대통령 시절, 경부고속도로 건설과 포항제철 설립, 새마을 운동 제창, 수출 100억 달러 돌파 등 괄목할 만한 성과를 이룩했다. 그렇다면 무엇이 박정희를 성공하는 대통령으로 이끌었을까? 다음 여덟 가지 원칙에서 그 성공 요인을 찾을 수 있다.

1. 확고한 목표와 강한 집념. 박정희는 한번 목표를 정하면 그 목표를 향해 물불을 가리지 않았다.

2. 유연하고 탄력 있는 인재 경영. 박정희는 군사혁명 시절 이미 인재 경영에 대한 중요성을 인식하고 있었다. 그래서 그의 수첩에는 부처의 최고 책임자 후보에 대한 리스트가 있었다. 특히 경제 관계 인재에 대해서는 치밀한 관심을 가지고 대상 인물들을 선정했다.

3. 강한 추진력과 철저한 현장주의. 박정희는 경부고속도로와 포항제철을 건설할 때 자주 현장을 방문해 직접 눈으로 확인했다. 포항제철 건립 시 열세 번이나 현장을 찾았다는 것은 그가 얼마나 철저한 현장주의자였는지 잘 말해준다. 경부고속도로를 건설할 때 박충훈 부총리가 건설 현장에 한 번도 나가지 않았다는 것을 알고는 그를 경질해버린 적도 있다. 그만큼 박정희는 현장을 중시하는 스타일이었다.

4. 선택과 집중. 박정희는 이것저것 동시에 일을 벌이는 스타일이 아니다. 그는 우선순위를 두어 역량과 자원을 집중했다. 예로 경부고속도로, 포항제철, 새마을운동을 꼽을 수 있다. 그는 한 가지 사

업을 마무리 지은 후 새로운 사업에 착수했다. 국가의 역량과 예산을 한 군데 집중하기 위해서였다.

5. 철저한 평가주의. 박정희는 수출진흥확대회의를 주재할 때면 매년 연초에 세계 각국에 나가 있는 대사들을 중앙청으로 불러들였다. 그리고 작년에 얼마만큼의 수출을 달성했는가를 가지고 해당국 대사들의 업무를 평가했다. 이때 수출 실적이 좋은 대사는 영전되었고, 수출 실적인 나쁜 대사는 좌천되거나 본국으로 소환되었다.

6. 끊임없는 자기계발. 박정희는 공부하는 대통령이었다. 집무실 안에서나 현장에서나 해외에 나가서도 새로운 지식과 기술을 익히기 위해 애썼다. 경부고속도로 건설 역시 그가 독일의 아우토반에 관심을 가진 데서 비롯되었다. 또한 그가 콘덴서와 축전기를 구분하지 못하는 김학렬 부총리에게 직접 가르쳐준 것만 봐도 그가 끊임없이 공부하는 대통령임을 알 수 있다.

7. 신상필벌(信賞必罰). 박정희는 수출 실적이 좋은 기업에 각종 금융, 세제 혜택을 주었다. 뿐만 아니라 수출을 독려하기 위해 금탑, 은탑, 동탑, 석탑 훈장 등 수출 규모에 따라 상의 위계를 정해놓고 그 노고에 보답했다.

8. 청렴결백. 박정희는 서거 후에도 재산 문제로 세상을 시끄럽게 한 적이 없다. 그와 함께 군사혁명을 일으킨 박기석 전 건설부장관은 "박 대통령은 청렴했기 때문에 군사혁명의 지도자가 될 수 있었다"고 말했다. 그는 대통령 시절 청와대에서 회의가 끝나면 막걸리

파티로 일관할 정도로 청렴결백했다.

대한민국의 발전상은 제2차 세계대전 이후 독립한 국가로서는 유일하다. 이 눈부신 변화의 과정을 프랑스의 〈르 피가로(Le Figaro)〉는 '한국에서 일어난 변화는 우주적 척도로나 가늠해야 할 엄청난 것'이라고 평가한 바 있다. 이런 눈부신 성과의 밑바탕에는 박정희 리더십 원칙이 있었다.

그리스 철학가 아리스토텔레스(Aristoteles)는 우리는 "우연이 아니라 법칙이 지배하는 세계에 살고 있다"고 주장했다. 모든 현상은 이유가 있어서 발생하는데, 단지 우리가 그 이유를 알거나, 알지 못하거나 둘 중 하나일 뿐이라는 것이다. 그렇다면 자신이 바라는 것을 성취하기 위해선 원하는 결과를 얻을 수 있는 법칙, 즉 인생 원칙, 성공 원칙을 명확하게 정해서 실행할 필요가 있다. 인생 원칙이 이끄는 삶이 성공을 부르기 때문이다.

그동안 나는 많은 성공자들을 만나왔다. 그들을 통해 한 가지 사실을 알 수 있었는데, 그것은 그들이 보통 사람과 '다르다'는 것이다. 보통 사람들은 목적의식 없이 마지못해 살지만 그들은 명확한 목적의식을 가지고 살아간다. 그들은 아침에 눈 떠서 가장 먼저 떠올리는 것이 그날 해야 할 일들의 목록이다. 그리고 그 일들을 어떻게 하면 성취할 수 있을까를 생각한다. 살기 위해 사는 보통 사람들과는 확연하게 대조된다.

나 역시 20대 중반 서울에서 작가라는 꿈을 이루기 위해 지독하게 노력했다. 하지만 너무 힘든 나머지 4년을 버티지 못하고 무작정 고향인 대구로 내려왔다. 그때의 기억이 지금도 생생하다. 당시 대구 남구 남문시장통 안에 위치한 보증금 20만 원에 월세 17만 원짜리 방에서 다시 시작했다. 외부의 공기 유입이 되지 않는 밀폐된 방은 한여름에는 그야말로 찜통이었다. 에어컨을 살 수 없는 형편인 탓에 빈 페트병 여러 개에다 물을 채워 꽁꽁 얼린 후 수건으로 말아서 안고 자야 했다. 겨울에는 돈을 아끼기 위해 난방을 아예 돌리지 않았다. 그래서 한번은 지독한 추위에 보일러가 깨지는 일이 있었다. 그때 어려운 내 사정을 알고는 주인집이 수리비를 부담했는데, 지금 생각해보면 미안한 마음이 앞선다.

당시 나는 절박한 상황이었다. 2만 원으로 한 달을 버티는 날도 있었고 일주일 동안 방 안에만 처박혀 글을 쓰곤 했다. 그렇다고 나는 내게 주어진 현실에 좌절만 하며 시간을 보내지 않았다. 그때 나는 꿈을 실현하기 위한 성공 원칙을 정했다.

첫째, 매일 A4 4장 분량의 글을 쓴다.
둘째, 습관적으로 꿈을 이룬 모습을 상상한다.
셋째, 노트에다 '나는 매일 조금씩 나아지고 있다'라는 문구를 열 번씩 적는다.
넷째, 글을 쓰는 일 외에는 부업으로 생각한다.

이렇게 성공 원칙을 정하자, 가슴 한구석에서 희망과 자신감이 생겨

나는 것이 느껴졌다. 지금 해왔던 대로 밀고 나가면 머지않아 내 꿈이 실현될 것 같은 예감이 들었다. 나는 어떤 일이 있어도 성공 원칙을 포기하지 않았다. 그 결과 나는 지금처럼 300권의 책을 기획 및 집필했다. 그리고 11년 동안 한국책쓰기강사양성협회를 운영하면서 1,100명의 평범한 사람들을 작가로 양성했다.

만화 〈딜버트〉로 일약 세계적인 만화가가 된 스콧 아담스(Scott Adams)는 유명한 만화가가 되기 전에는 낮은 임금을 받는 공장의 말단 직원이었다. 그는 어려운 상황 속에서도 자신의 꿈을 포기하지 않았다. 그때 그는 꿈을 실현할 성공 원칙을 정했다. 하루에 자신의 소망을 담은 문장을 열다섯 번 이상 적는 것이었다. 그는 아무리 힘들어도 자신의 성공 원칙을 실행했다. 그러나 시간이 지나도 상황은 좀처럼 나아지지 않았다. 그의 만화는 수많은 신문사들로부터 거절당했다. 그래도 그는 좌절하지 않았다. 그러기를 수백 번, 마침내 그는 한 신문사와 만화 연재 계약을 맺게 되었다. 드디어 꿈이 실현된 것이다.

첫 번째 꿈을 이룬 그는 또 다른 문구를 적었다.

"나는 세계 최고의 만화가가 되겠다!"

그 문장 역시 하루에 열다섯 번씩 반복해서 썼다. 그의 두 번째 꿈은 과연 이루어졌을까? 만화 〈딜버트〉는 전 세계 2천여 종의 신문에 연재되었고, 딜버트를 주제로 한 TV쇼가 매주 방영되는가 하면, 세계 곳곳에 딜버트 캐릭터가 장식된 커피잔이나 컴퓨터 마우스 패드, 탁상 다이어리와 캘린더 등을 쉽게 찾아 볼 수 있다.

워런 버핏(Warren Buffett)은 주식으로 가장 많은 돈을 번 사람으로 알려져 있다. 그는 과거 디즈니사의 ABC사 인수 시 단 하루 만에 4억 달러의 수익을 올렸던 적도 있다. 그의 투자 성공의 이면에는 투자 원칙이 있다. 흔히 그의 투자 원칙으로 '투자의 제1계명은 돈을 잃지 않는 것이다. 투자의 제2계명은 제1계명을 잊지 않는 것이다' 정도만 알고 있다. 그러나 실제로 워런 버핏의 투자 원칙은 좀 더 디테일하다.

- 어떤 분야에서든 최고 전문가를 주시하고 그 사람의 행동을 모방한다.
- 내가 어떤 유형의 투자가인지 정확히 알아야 한다.
- 나만의 독특한 투자 철학을 세운다.
- 내가 소유할 주식에 대해 파악하고 있어야 한다. 그러기 위해선 적극적인 투자가가 되어야 한다.
- 월 스트리트의 화려함에 현혹되지 말고 내가 잘 아는 내실 있는 종목을 선택한다.
- 소수의 종목을 대량으로 구입하고 장기간 보유한다.
- 나 또는 다른 사람의 실수를 통해 교훈을 얻을 수 있어야 한다.
- 투자에 관한 갖가지 선전을 믿지 않는다.
- 나와 같은 투자 태도와 전략을 구사하는 다른 사람들과 그룹을 만든다.
- 투자에만 너무 몰두할 것이 아니라 진정으로 풍요한 삶을 살 수

있어야 한다.

워런 버핏은 자신이 정한 투자 원칙을 철저하게 실행했다. 그 결과 그는 주식으로 천문학적인 부를 쌓을 수 있었다. 뿐만 아니라 엄청난 성공에도 불구하고 여전히 균형 잡힌 삶을 살고 있다.

한때 대학생들이 가장 본받고 싶은 벤처기업가로 손꼽혔던 안철수는 개인과 기업은 반드시 올바른 가치와 비전을 가지고 있어야 한다고 말했다. 그는 안철수연구소를 영혼이 있는 기업으로 만들기 위해 가장 먼저 다음과 같이 인생의 원칙을 정했다.

- 매 순간에 최선을 다하고, 끊임없이 변화하며 발전하기 위해서 노력한다.
- 목표를 세우고 스스로를 채찍질한다.
- 결과도 중요하지만 과정을 더 중요하게 여긴다.
- 스스로를 다른 사람과 비교하지 않으며, 외부 평가에 연연하지 않는다.
- 항상 부족하다고 생각하며 작은 성공에 만족하지 않으며 방심을 경계한다.
- 기본을 중요하게 생각한다.
- 천 마디 말보다 하나의 행동이 더 값지다고 생각한다.

살다 보면 어려운 결정을 내려야 할 때가 있다. 안철수는 그때 세 가지 기준, '원칙을 지킬 것', '본질에 충실할 것', '장기적인 시각으로 볼 것'을 고려해서 결정을 내렸다. 안철수가 걸어왔던 행적을 따라가보면 개인의 인생 원칙이 얼마나 중요한지 깨닫게 된다.

대한민국 A급 강사, 자기계발 분야 베스트셀러 작가라는 수식어가 따라다니는 공병호 박사. 그는 1인기업가로서 대표적인 성공모델이 되었다. 모든 성공자가 그렇듯이 그 역시 뼈를 깎는 고통을 감내해야 했던 날들이 많았다.

"내게도 암담하고 가슴 아픈 시기가 있었다. 확실한 것은 아무것도 없었다. 학벌이나 그동안 조직 안에서 쌓아왔던 인맥은 조직을 떠나자 순식간에 휴지 조각이 되어버렸다. 독립 당시 가족도 외국에 나가 있어 주변에는 정말 아무도 없었다. 외로움은 둘째치고 경제적 압박감이 이루 말할 수 없었다. 아이들 교육비는 나가는데 일정한 소득이 없어 가장으로서 심각한 위축을 느껴야 했다. 앞으로 믿을 것은 나 자신밖에 없다는 사실을 처절하게 깨달은 시기였다. 내가 바로 서지 않으면 내 인생은 여기서 막을 내린다는 생각에 정신을 가다듬었다."

시련과 좌절의 시기에 그는 강한 비바람 속에서 자신을 굳건하게 붙들어줄 인생 원칙을 정했다. 그때 정한 인생 원칙은 훗날 성공의 초석이 되어 주었다. 공병호 박사가 말하는 인생 2막 성공 원칙을 소개하면 다음과 같다.

- 10-10-10의 단계로 인생을 짜임새 있게 설계하라.
- 인생 계획의 마감시간을 반드시 정하라.
- 남의 이야기에 솔깃하지 말고 내 안의 북소리에 민감하라.
- 절대 허세를 부리지 않는다.
- 자리 잡을 때까지 가급적 저녁약속을 하지 않고 시간을 아껴 쓴다.
- 지금의 '습관'이 10년 후 미래를 책임진다.
- 자신과의 약속은 메모해두고 매일 지켜라.

그는 세상은 결코 호락호락하지 않다는 것을 잘 알고 있었다. 더군다나 1인기업가로 성공한다는 것은 낙타가 바늘구멍에 들어가는 것만큼 힘들었다. 하지만 그는 자신이 가진 역량을 홀로서기에 성공하는 것에 초점을 맞춰 쏟아부었다. 그동안 그는 자신이 정한 성공 원칙에서 벗어난 적이 없을 정도로 치열하게 살았다.

새벽 3~4시에 일어나 집필에 몰입하고, 강연을 나갔다가 오후 10시면 어김없이 집에 들어와 잠을 청하는 규칙적인 생활을 했다. 그리고 술과 담배는 일절 하지 않았다. 그렇게 지독하게 노력한 결과 지금의 위치에 설 수 있었다. 그의 10년 전 일기장에는 10년 후 자신의 모습이 구체적으로 적혀 있다. 그는 지금도 자신의 인생 스케줄이 빼곡히 적힌 일기장을 가지고 있다고 한다.

자신의 분야에서 일가를 이룬 사람들에게는 한 가지 무기가 있다. 바로 자신의 원칙을 정해 끝까지 실행한다는 것이다. 중간에 어떤 어려움이 닥쳐도 원칙을 깨뜨리지 않는다. 오히려 어려울수록 더욱더 원칙을 붙잡고 늘어진다.

여기서 다시 박정희 이야기로 돌아가보자. 충북 옥천에서 첫 번째로 자가용을 소유했을 만큼 부자였던 집안의 딸인 육영수 여사는 맞선에서 만난 박정희에게 강하게 끌렸다. 그녀를 매료시켰던 것은 다름 아닌 박정희의 뒷모습이었다. 한 인터뷰에서 육영수 여사는 그날의 인상을 이렇게 표현했다.

"군화를 벗고 계시는 뒷모습이 말할 수 없이 든든해보였어요. 사람은 얼굴로는 남을 속일 수 있지만 뒷모습은 남을 속이지 못하는 법이니까요. 그 후 몇 번 만나뵈니 그 직감이 틀리지 않았다는 것을 알았어요. 소박하고 미덥고 정다운 분이세요."

원칙이 있는 사람과 가까이하면 절로 안정감이 든다. 이런 사람의 뒷모습이 멋있지 않을 리 만무하다. 박정희의 원칙 지향적인 자세가 육 여사를 강하게 매료시켰다고 볼 수 있다.

박정희가 육영수 여사와 결혼한 지 얼마 지나지 않아 1951년 1월, 중공군이 서울로 재침범해왔다. 시민들이 다시 남쪽으로 피난을 가는 다급한 상황에서 육 여사는 남편을 만나기 위해 길을 나섰다. 당시 박정희가 속한 군대가 정선에 주둔할 때였다. 그녀는 무장공비들이 들끓는 지역을 피해가며 가까스로 박정희의 군대를 찾을 수 있었다. 연락병을 통해 육 여사의 방문 사실을 하루 전에 들은 박정희는 기쁜 마음을 애써 감추고 담담한 얼굴로 그녀를 맞이했다. 그의 숙소에 들어선 육 여사는 한쪽에 개켜져 있는 깨끗하게 손질된 이불보와 배갯잇에 의아한 마음이 들었다. 사실 육 여사는 주민들이 피난을 간 마을의 작은 민가에 숙박하고 있던 터라 침구가 형편없으리라 예상했다. 그러나 예상과는 달리 이불이 가지런하게 정리되어 있었던 것이다.

자기계발에 관한 많은 책을 쓰고 강연을 하는 탓에 많은 사람들로부터 메일을 받는다. 대부분 어떻게 하면 자신이 하는 분야에서 성과를 발휘할 수 있는지 조언을 구하는 내용이다. 나는 그들에게 다음과 같이 답신을 보낸다.

성공하는 사람들을 자세히 관찰해보면 한 가지 공통점을 찾을 수 있습니다. 바로 인생 원칙이건, 성공 원칙이건 자신만의 원칙을 가지고 있다는 것입니다. 그리고 그들은 절대 그 원칙을 어기지 않습니다. 목표한 바를 이룰 때까지 끝까지 실행합니다. 자신만의 원칙이 있느냐, 없느냐, 그리고 그 원칙을 끝까지 실행할 수 있느냐, 없느냐가 성공과 실패를 구분 짓게 합니다.

명확한 원칙 없이 열심히 사는 것은 바보나 하는 짓이다. 지금 당신에게는 어떤 원칙이 있는가? 자신의 분야에서 성공하고 싶다면 칼만 열심히 갈아선 안 된다. 먼저 자신만의 원칙을 정하라. 그리고 그 원칙을 끝까지 밀고 나가라.

위기는 피하지 말고
정면 돌파하라

　강렬한 카리스마를 지니고 있다고 평가되고 있는 박정희 대통령. 그의 카리스마를 떠올리면 다부진 체구, 앙다문 입술, 그리고 무엇보다 강한 눈빛을 빼놓을 수 없다. 당시 그를 가까이에서 보필했던 사람들은 그가 매서운 눈빛으로 상대를 쏘아보면 아무도 거역할 수 없을 정도로 압도적이었다고 전한다.

　박정희는 회의장에서 탁자 위의 메모지, 재떨이, 필기도구들을 일렬로 정돈하는 습관을 가지고 있었다. 심지어 회식자리의 술상까지도 술잔과 안주 그릇, 재떨이들을 군대 정렬하듯이 열을 맞춰놓곤 했다. 평소 과묵하고 감정의 변화를 잘 나타내지 않는 그였지만 분노가 폭발할 때는 재떨이를 바닥이나 벽에 던져 박살내곤 했다. 반대자들이 더 이상 쥐구멍을 만들 수 없도록 충격 요법을 쓴 것이다. 어떤 일이 있어도 그는 되는 방법, 즉 해결책을 찾았다. 그래서 박정희가 계획하는 일은 그 누구도 불가능이라는 단어를 쓸 수도, 뒤집을 수도 없었다. 무조건 해내야 했기 때문이다.

경공업 중심의 노동집약산업으로는 경제성장의 한계를 절감한 박정희는 돌파구는 중화학공업 추진에 있다고 판단하게 된다. 그래서 그는 중화학공업을 가시적으로 역동시킬 수 있는 1단계 산업으로 조선산업을 선택하게 된다. 조선산업은 기계, 전자, 운송, 항만산업과의 연관효과가 커서 일자리를 많이 창출할 수 있을 뿐 아니라 국방을 위해서도 시작해야 되며, 조선산업에 일찍 뛰어든 나라가 부강한 나라가 되었다고 판단했기 때문이다.

1973년 1월 12일, 연두기자회견에서 '중화학공업화'를 선언한 대통령 박정희는 31일, 오원철 경제수석비서관으로부터 4시간 동안 브리핑을 들었다.

"공업 구조를 개편하고 산업을 확대해야 합니다. 종합화학공장과 조선소, 기계공업을 육성하고, 최신 기술과 대규모 공장을 마련하는 게 필요합니다. (중략) 중화학공업과 방위산업을 동시에 건설해서 북한이 따라오지 못하도록 해야 합니다."

한참 동안 생각에 잠겨 있던 박정희는 드디어 지시를 내렸다.

"필요한 외자도입 조치를 하시오!"

그 회의는 대한민국의 운명을 바꿔 놓았다. 1972년 1인당 GNP 320달러의 나라가 조선, 전자, 기계, 제철, 자동차, 석유화학, 원자력 등 기술집약적인 핵심 산업을 모두 진흥하는 엄청난 길로 들어섰던 것이다.

1973년 7월 3일, 한국 중화학공업의 상징과도 같은 연산 103만 톤 규모의 포항제철이 3년 만에 준공되었다. 첫 쇳물이 쏟아지자 박태준 사장 이하 직원들은 만세를 부르며 눈물을 흘렸다. 포항제철의 규모는 1978년 550만 톤, 1981년에는 850만 톤으로 급성장했다.

조선소 건설 과정에서는 사실 숱한 반대에 부딪혀야 했다. 관계 장관들은 세계에서 7개국밖에 소유하지 못하고 있던 50만 톤급 조선소 건설이 불가능하다며 극구 반대했던 것이다. 그들은 해결책을 찾기보다 계속 안 되는 방법만 열거했다. 박정희는 재떨이를 집어 던지며 언성을 높였다.

"그렇게 많은 조사를 하고 사람을 만나봐도 안 된다면, 그래 이순신 장군도 만나봤소? 나하고 같이 죽을 각오가 되어 있지 않은 장관들은 내일부터 출근하지 마시오!"

조선소 건설을 책임지고 있던 현대건설 정주영이 도저히 안 되겠다며 중도에 조선소 건설을 포기하려고 할 때 박정희가 했던 말이 인상적이다.

"내 앞에 앉아 있는 사람이 여러 반대를 무릅쓰고 작열하는 태양 아래서 경부고속도로를 건설한 정주영 사장이 맞소?"

박정희의 독려에 고무된 정주영은 곧장 유럽으로 날아갔고 500원 지폐의 거북선을 보여주며 "우리는 수백 년 전에 이런 배를 만들었다"며 배짱을 부린 끝에 차관을 얻어내는 데 성공했다. 그렇게 해서 조선소는 1975년에 준공되었다. 1976년에는 현대자동차가 '포니'를 해외에 수출하기 시작했다.

1978년 정주영 회장과 국산 탱크 제조 과정을 둘러보는 박정희 대통령

　박정희는 작은 키, 작은 체구로 외모만 따진다면 루저에 가깝다. 그러나 그가 가진 강한 카리스마는 모든 부족한 면을 압도하고도 남는다. 그동안 그는 어떤 어려움이 있을 때마다 피하기보다 정면 돌파했다. 그렇다면 그는 자신의 강점에 대해 잘 알고 있었던 것일까?

　서울대의 종합캠퍼스는 1960년대 말부터 건설이 시작되어 1971년 4월 3일에 기공식을 했다. 그렇게 해서 들어선 것이 서울 남쪽 관악산 아래에 자리 잡고 있는 서울대 관악캠퍼스다. 그러나 당시 정부가 서울대 관악캠퍼스 사업을 시작하자 반대하는 목소리가 적지 않았다. 그들은 서울대를 변두리로 쫓아낸다는 이유로 대대적인 데모를 벌였다.

관악캠퍼스 기공식이 있은 지 며칠 후 홍릉의 서울연구개발단지 기공식이 있었다. 서울연구개발단지는 1969년에 한국과학기술연구원(KIST)이 들어서고 한국과학원, 국방과학연구소, 한국개발연구원이 들어오게 되는 한국 과학기술의 요람이라고 할 수 있다.

기공식에 참석하기 위해 박정희가 탄 승용차가 신설동을 지나 안암동으로 접어들 때였다. 홍릉 쪽으로 가는 도중 갈림길에서 직진해야 되는데 차가 급히 우회전하는 것이었다.

"왜 돌아가려는 거야?"

박정희가 물었다.

"각하, 학원 소요로 도로 사정이 안 좋습니다."

대학생들과 경찰이 격렬하게 대치 중이라는 보고였다. 그러자 박정희는 단호하게 말했다.

"상관없어. 바로 가."

대통령이 탄 차량 행렬이 청량리에 있던 서울대 사범대학 앞에 이르렀을 때 돌과 연탄재가 빗발치듯 날아왔다. 1호차는 사이렌을 울리며 속력을 내는 경찰차를 뒤따라 시위 현장을 신속히 빠져나가는 중이었다. 그때 어디선가 날아온 돌멩이가 1호차 앞 유리창에 부딪혔다.

박정희의 표정이 굳어졌다.

"당장 차 세워!"

박정희가 차에서 내리자 수행원들은 모두 새파랗게 질렸다. 그는 학생들 앞으로 뚜벅뚜벅 걸어갔다. 돌을 던지던 학생들은 승용차에서 굳은 표정, 작은 체구의 남자가 다가오자 처음에는 누군지 알지 못했다. 그러다 순식간에 경호원들이 재빨리 남자를 에워싸자 누군가 큰 소리로 외쳤다.

"박정희다!"

박정희라는 말에 기세등등하던 학생들은 혼비백산하며 달아나기 시작했다. 순식간에 거리를 가득 메우고 있던 학생들의 모습은 보이지 않았다. 박정희는 대학 내 학생처 사무실까지 들어가 학교 관계자들에게 말했다.

"학생 지도를 똑바로 하시오."

그리고 박정희는 교정을 떠나 홍릉의 서울연구개발단지 기공식 현장으로 향했다. 치안을 맡은 경찰의 수장도 아닌 한 나라의 대통령이 대학 관계자들에게 학생 지도에 대해 언성을 높인 것은 이례적인 일이라고 할 수 있다. 그러나 다른 한편으로 당시의 긴박했던 안보 상황을 엿볼 수 있다.

이날 데모에 가담했던 학생 70여 명은 정사복 경찰들에 의해 동대문 경찰서에 연행되었다. 서울연구개발단지 기공식을 마치고 돌아온 박정희는 학생들을 그날 밤 안으로 전원 석방하라는 지시를 내렸다. 데모하는 학생들에게 경종을 울리고자 했던 일종의 퍼포먼스였던 것이다.

1968년 1월 22일, 청와대 인근 뒷산에서 도주한 김신조 이하 무장공비 잔당들을 소탕하기 위해 군과 경찰이 치열한 교전을 벌이고 있었다.

그때 박정희는 간간이 들리는 총소리를 들으면서 관계자들과 경부고속도로에 관해 점검하고 있었다. 그때 그는 불안해하는 측근들에게 "김신조가 오건, 박신조가 오건 경제건설은 절대 흔들리지 말아야 한다"고 다그쳤다. 어떤 상황에서도 나라의 미래를 생각하고 실천하는 그의 신념은 흔들리지 않았다.

박정희의 강한 의지는 육영수 여사가 서거했을 때도 흔들리지 않았다. 1974년 8·15 광복절 기념축사가 이어지는 동안 몇 발의 총성이 울렸다. 실내는 곧 아비규환이 되었고 사람들이 비명을 지르며 여기저기 흩어지기 시작했다. 축사를 낭독하던 그는 총탄에 맞아 고개를 떨구고 있는 육 여사에게 급히 다가갔다. 상황의 심각성을 깨달은 그는 단상으로 걸어 나와 경호원들에게 "병원!"을 외쳤다. 그제야 경호원들은 육 여사를 안고 황급히 행사장을 빠져나갔다. 그사이 범인은 검거되었고 자리를 비웠던 청중들이 들어오기 시작했다. 박정희는 다시 단상에 올라 예정대로 기념사를 끝마쳤다. 그리고 그는 육 여사가 앉아 있던 자리를 살폈다. 초록색 빈 의자 주위에 육 여사의 고무신이 흩어져 있고, 한쪽에는 핸드백이 뒹굴고 있었다. 그는 허리를 숙여 고무신과 핸드백을 주워 들었다.

박정희는 위기 앞에서 더욱 강해지는 스타일이다. 위기가 클수록 그에게서 뿜어져 나오는 카리스마는 더욱 강하다. 그 결과 위기는 그의 강렬한 카리스마에 함몰되어 더 이상 힘을 쓰지 못한다. 그가 걸어온 길을 살펴보면 어느 하나 시련과 역경뿐 아니라 위기가 없었던 적은 없었다.

그럼에도 그는 장기적인 경제발전과 민주화의 기반을 닦는 등 역대 대통령 가운데 최고의 성과를 거두었다.

위기를 정면 돌파해 더 크게 성공한 사람으로 이채욱 전 인천항공공사 사장을 꼽을 수 있다. 지금의 그를 만든 것은 위기 돌파 능력이다. 그는 종합상사가 잘나가던 1980년 전후 시절, 수입 관련 업무를 맡게 되었다. 30대 초반의 그가 맡은 일은 미국에서 고철을 수입해 국내에 파는 것이었다. 한번은 고철을 사러 미국의 터코마라는 지역으로 출장을 간 그는 깜짝 놀라고 말았다. 항공모함처럼 거대한 배를 작업장 인부들이 여기저기서 해체하고 있었던 것이다. 그 순간 그는 번뜩이는 아이디어가 떠올랐다. 고철을 조금씩 사오기보다 아예 배를 통째로 사오면 이윤이 훨씬 많겠다는 생각이었다. 출장을 다녀온 그는 즉시 기획안을 올렸다. 곧 그의 제안이 받아들여졌고, 그는 부산의 감천만에 고철 해체장을 마련했다.

그는 큰 배를 통째로 사다가 잘게 해체해 고철을 팔았다. 사업 시작 두 해 동안 이익은 예전과는 비교도 할 수 없을 만큼 늘어났다. 그는 계획했던 일이 제대로 진행되자 자신감이 붙었다. 자신감이 생긴 그는 1~2척씩 사오던 배를 한꺼번에 4척이나 사들였다.

그러나 얼마 후 이런 기대감에 찬물을 끼얹는 소식이 전해졌다. 태풍 어빙호 때문에 해일이 일어 배들이 전부 가라앉았다는 것이었다. 회사에 막대한 손실을 끼친 그는 자신이 모든 책임을 지고 사표를 내기로 마음먹었다. 그러나 막상 사표를 내려고 하니 엉망이 된 현장이 눈에 밟

혔다. 그래서 그는 모든 상황을 정리한 다음 사표를 내기로 결심했다.

그는 다시 감천만으로 향했다. 그에게 남은 마지막 일은 가라앉은 배를 50톤 단위로 해체해 인양하는 것이었다. 그는 잠수부들과 함께 여름 땡볕에서 작업했고, 밤이면 소주를 들이켜며 괴로움을 달랬다.

1년 후 인양작업을 마친 그는 착잡한 심정으로 보고를 마쳤다. 그러고는 1년 동안 책상 서랍에 넣어둔 사표를 부장에게 제출했다. 그런데 열흘쯤 지났을 때 인사부장에게서 전화가 걸려왔다. 두바이 지사장 발령이 났으니 가서 좀 쉬고 오라는 것이었다. 그를 두바이 지사장으로 발령을 낸 데는 그의 눈물 나는 노력과 회사에 큰 손실을 안겨준 실패의 교훈을 통해 더 큰 성공을 일궈내라는 당시 이건희 부회장의 배려가 있었다. 훗날 그는 삼성 GE의료기기 회사의 사장이 되었는가 하면, GE코리아 사장과 회장을 거쳐 인천공항공사 사장으로 자신의 역할에 최선을 다했다.

이순신 장군은 최악의 위기 상황에서 눈부신 승리를 거둔 명장이다. 명량해전은 영국 해군사관학교 교재에서도 세계 해전 역사에서 가장 뛰어난 승리 중 하나로 소개되고 있다. 아군은 전함 12척에 군사 120여명, 적군은 전함 133척에 군사 3만여 명이었다. 이순신은 《난중일기》에서 당시 상황을 이렇게 전한다.

적선에 몇 겹으로 둘러싸여 앞으로 어찌 될지 알 수 없다. 군사들은 모두 사색이 되어 서로의 얼굴만 쳐다볼 뿐. 나머지 군선들도 겁을 먹고 진격하지 못했다.

그는 "싸움에 있어 살고자 하면 반드시 죽고, 죽고자 하면 반드시 살 것이다"라며 군사들을 독려했다. 그 결과 처음에 주춤하던 군사들은 죽기를 각오하며 싸웠고, 전투는 조선 해군의 대승으로 끝났다. 적군은 전함 31척 격침, 사상자 팔천여 명의 피해를 입었지만, 아군은 전함 피해 없이 사망 2명, 부상 3명의 경미한 피해를 입었다. 위기 앞에서 피하기보다 정면 돌파했기 때문에 세계 해전 역사상 가장 눈부신 성과를 이룩할 수 있었던 것이다.

목숨이 붙어 있는 한 누구나 위기 앞에 서게 된다. 내가 살아 숨 쉬고 있기 때문에 위기가 닥치는 것이다. 이때 위기를 어떻게 대처하느냐에 따라 패배자가 되기도, 승리자가 되기도 한다.

물론 위기 앞에 서면 누구나 불안하고 두렵다. 자칫 한 발만 잘못 딛게 되면 영영 재기 불가능한 벼랑으로 떨어질 것만 같다. 그래서 자꾸만 위기 앞에서 한없이 작아지고 무기력해진다. 그렇더라도 참새처럼 움츠리지 말고 독수리처럼 정면 돌파해야 한다. 위기 앞에서 쥐구멍이나 파고 있다면 그 행위 자체가 더 큰 위기를 초래한다.

'할 수 있다', '반드시 해낼 수 있다'는 자신감으로 위기 앞에서 당당하게 서라. 위기보다 더 강해질 때, 위기는 근거 없는 불안과 두려움만 조장하는 무기력한 허수아비라는 그 실체가 보일 것이다.

지금 즉시,
될 때까지 하라

　일본에는 '일본전산'이라는 기업이 있다. 일본전산은 불황기에도 10배 성장을 하고, 인수하는 기업마다 부도의 벼랑 끝에서 살려내어 흑자를 내는 기업으로 변화시키는 것으로 유명하다. 특히 이 회사는 매우 특이해서 직원 공채 때 목소리가 큰 사람을 채용하거나 식은 도시락을 빨리 먹는 사람을 뽑았다. 즉 자신감이 있는 사람과 일을 빨리 처리할 수 있는 사람이 성과를 발휘한다고 생각했던 것이다.

　〈월스트리스저널(The Wall Street Journal)〉이 뽑은 '존경받는 CEO 30인'의 한 사람이자, 세계 재계의 총수들이 한 수 배우기 위해 머리를 조아리는 몇 안 되는 경영자 중 한 사람으로 꼽히는 일본전산의 나가모리 시게노부(永守重信) 사장은 1973년, 3평짜리 시골 창고에 회사를 차렸다. 그 후 불과 30년 만에 계열사 140개, 직원 13만 명을 거느린 공룡기업으로 키웠다.

일본전산의 성공 비결은 과연 무엇이었을까? 나가모리 시게노부 사장은 이렇게 말한다.

"우리가 일류들과 경쟁할 수 있는 유일한 환경은 누구에게든 하루는 24시간이라는 것뿐이다. 그러니 기술도 자본도 없는 우리가 할 수 있는 일은 오로지 남보다 2배 더 일하는 것밖에 없다. 머리 빨리 감는 법, 빨리 출근하는 법, 불필요한 소모시간을 줄이는 법, 심지어 밥 빨리 먹는 법까지 고민했다."

"거래업체의 요구로 본사로부터 10시간 거리인 도쿄에 사무소를 내야 했을 때, 그곳에 배치받은 막내사원은 신혼이었다. 사택도 없는 상태에서 무작정 그의 가족은 짐을 꾸렸다. 부인은 생후 1개월의 아기를 업고 사무실에서 밥을 끓여 먹으며 업무를 도왔고, 막내사원은 구두 뒷굽이 닳도록 영업을 다니다 돌아오면 혹시라도 본사의 호출이 있을까 신발을 신고 소파에 쪼그려 잠을 청했다."

"신발을 정리하는 일을 맡았다면, 신발 정리를 세계에서 제일 잘할 수 있는 사람이 되어라. 그렇게 된다면 누구도 당신을 신발 정리만 하는 심부름꾼으로 놔두지 않을 것이다."

일본전산이 세계적인 기업으로 성장할 수 있었던 것은 '지금 즉시, 될 때까지' 시도했기 때문이다. 그래서 나가모리 시게노부 사장은 직원들에게 끊임없이 "지금 즉시 될 때까지 하라", "중간에 흐지부지 그만두려면 시도를 말라", "실력이 없으면 남보다 2배로 일하라". "끝까지 포기하지 말라"고 충고한다.

조직에는 성과를 발휘해 회사에 성장을 가져다주는 구성원이 있는 반면, 그 반대인 구성원도 있다. 전자는 자신에게 일이 주어지면 머뭇거리지 않는다. 즉시, 반드시, 될 때까지 해서 관철시킨다. 일본전산의 모토와 부합된다는 것을 알 수 있다. 그러나 후자에게 있어 회사의 모토는 물과 기름과 같은 관계다. 그렇다면 후자는 어떤 공통점을 가지고 있을까? 1983년, 일본전산이 채택한 '믿음이 가지 않는 사원의 조건'을 보면 이들의 공통점에 대해 알 수 있다.

• 힘들 때 바로 도망가는 사원
• 자주 몸이 아파 쉬고 지각하며, 건강 관리 의식이 없는 사원
• 쉽게 남의 일처럼 발언하는 평론가 사원
• 끝맺음이 어설픈 사원
• 쉽게 '하겠다'고 말하지만 약속을 지키지 못하는 사원

일본전산이 말하는 불량 직원은 한마디로 될 때까지 끝까지 해보는 근성도 없고, 요행만 바라는 직원이다. 이런 직원은 자신의 일은 제대로 해내지 못하면서 뒤에서 험담하거나 투덜거린다. 동료가 성과를 발휘하

면 깎아내리지 못해 안달이다. 그래서 불량 직원은 회사가 성장하는 데 있어 걸림돌로 작용한다. 그래서 경영자나 관리자가 가장 경계해야 할 대상이 바로 이런 부류의 직원이다.

일본전산이 불황기에 10배의 성장을 하고, 손대는 분야마다 세계 1위의 신화가 될 수 있었던 것은 미연에 회사의 발전을 저해하는 불량 직원을 걸러냈기 때문이다.

박정희는 1964년 에르하르트(Ludwig Erhard) 총리의 초청으로 서독을 방문하게 되었다. 이때 그는 말로만 들었던 아우토반을 직접 달려보는 경험을 하게 된다. 그가 탄 국빈용 벤츠 승용차는 시속 160km로 아우토반을 질주했다. 이때 그는 우리나라도 한시바삐 고속도로가 필요하다는 것을 절실히 깨달았다. 그는 에르하르트 총리에게 고속도로 건설, 관리 방법, 공사 기간, 자금 조달, 투자 장비와 인원 등에 대해 상세하게 물었다. 그리고 에르하르트 총리의 말을 메모까지 해가면서 경청했다.

박정희는 귀국하자마자 고속도로에 관해 연구를 시작했다. 세계 각국의 고속도로 건설 공사에 대한 기록과 도로 전문가들의 연구 보고서를 책상에 산더미처럼 쌓아놓고 검토했다. 그러던 어느 날 밤 박정희는 현대건설의 정주영 사장을 호출했다. 정주영은 태국에서 나라티왓 고속도로를 건설해본 경험이 있었기 때문이었다.

정주영을 자신의 서재로 데려간 그는 우리나라에도 서독처럼 아우토반이 필요하다고 역설했다. 이어서 그는 연필을 들고 직접 인터체인지를 그려가면서 자신이 구상하고 있는 고속도로 공사 방법에 대해 정주영에게 의견을 구했다.

정부가 천문학적인 예산이 드는 고속도로 건설을 계획하고 있다는 사실이 알려지자 야당과 일부 언론은 강하게 반대하고 일어났다. '국가 재정이 파탄난다', '일부 부유층의 유람로가 될 것'이라는 식의 비판이 끊이지 않았다. 차라리 그 돈으로 공장을 짓고 일자리를 만드는 게 효과적이라는 의견도 나왔다.

그러나 박정희의 생각은 달랐다. 그는 사회간접자본을 확충해 수출형 공업 중심으로 산업구조를 개편해야 한다고 판단했다. 아무리 물건을 만들어도 서울에서 부산까지 꼬박 하루가 걸릴 정도로 물류가 막힌다면 산업 활성화는 요원하기 때문이었다.

그는 야당과 일부 언론의 강한 반대에도 불구하고 계획대로 고속도로 건설을 추진했다. 그리고 마침내 1970년 7월 7일, 공사 시작 2년 반 만에 서울과 부산 간 428km 구간의 첫 노선이 완공되었다. 1966년 말 당시 국도 및 지방도 포장률은 5.6%로 자동차 등록대수는 고작 5만 대였다. 꿈에서나 가능할 법한 계획이 현실이 된 것이다.

박정희는 자신의 신념에 따라 행동했다. 즉 머리가 아닌 가슴이 시키는 대로 움직였다는 말이다. 가슴이 시키는 대로 행동하는 사람은 절대 머뭇거리면서 허송세월하지 않는다. 즉시 행동에 옮긴다. 물론 그 과정에서 숱한 시련과 역경이 따르더라도 쉽게 포기하지 않고 되는 방법을 찾는다. 그리고 마침내 비전을 현실로 만든다. 아이디어가 떠오른 즉시,

될 때까지 시도하는 것이 바로 박정희 스타일이다.

성공한 사람들은 하나같이 박정희 스타일의 사람들이다. 그들은 우유부단하거나 중도에 포기하는 것을 극도로 싫어한다. 샌프란시스코의 최고 갑부가 되었던 줄리어스 메이(Julius May) 역시 자신이 생각하는 바를 즉시 실행하는 사람이었다. 그의 성공 일면에는 박정희 리더십이 있었다.

유럽에서 큰 성공을 한 로스차일드은행이 미국에 진출하려고 했던 1820년대, 은행장이 유능한 직원을 불러 물었다.

"미국에 지점을 낼 계획인데 떠날 준비를 하는 데 얼마나 걸리겠나?"

한참을 심각한 얼굴로 생각하던 그 유능한 직원은 "한 열흘 정도 걸릴 것 같습니다" 하고 대답했다. 은행장은 다른 직원을 불러 같은 질문을 했다.

"저는 3일 후면 떠날 수 있습니다."

그런데 세 번째로 온 직원의 대답은 달랐다.

"지금 즉시 떠나겠습니다."

"그래, 당장 떠나게. 자네는 지금 이 순간부터 샌프란시스코은행 지점장이네."

이 세 번째 사람이 훗날 샌프란시스코의 최고 갑부가 되었던 줄리어스 메이였다.

성공한 기업가들은 자신의 성공 비결에 대해 하나같이 비슷한 말을 한다. 먼저 일본전산의 나가모리 시게노부 사장의 말을 들어보자.

"어려울 때일수록 사람이 움직여야 한다. 여유가 있을 때는 자금을 융통하기도 좋고 기회도 많으니 적당히 하면서도 살 수 있다. 하지만 불황에는 그럴 여유가 없다. 스피드가 5할이다. 중노동이라 할 만큼의 노력이 3할이다. 능력은 1할 5푼, 학력은 고작 3푼, 회사 지명도라야 2푼 값어치일 뿐이다."

부산의 중견기업인 천호식품 김영식 회장 역시 나가모리 시게노부 사장과 별반 다르지 않다.

"생각하면 행동으로 옮기는 자와 생각한 후 그 생각이 무덤까지 가는 자는 극과 극입니다. 어떤 사람의 결과를 두고 '1년 전에 내가 생각한 것인데, 내가 하려고 했던 것인데'라고 후회하는 사람은 평생 생각으로만 끝납니다. 할까 말까 고민하다 1년이 지나고 2년이 지납니다. 성공하는 사람들은 생각을 행동으로 옮길 때 어떻게 하는지 아십니까? '지금, 당장, 즉시!' 이렇게 하는 사람은 성공할 가능성이 있습니다."

그렇다. 성공자들의 성공 비결은 간단하다. 아이디어가 떠오르면 즉시, 될 때까지 해보는 것이다. 이보다 더 강력한 성공 비결이 있을까?

나무보다
숲을 보는 안목을 길러라

박정희는 1964년 서독 방문 후 경부고속도로 건설에 대해 관심을 가지기 시작했다. 세계 각국의 고속도로 건설 공사에 대한 기록과 도로 전문가들의 연구 보고서를 읽고 또 읽었다. 그는 경제를 발전시키기 위해선 수출형 공업 중심으로 산업구조를 개편해야 한다고 판단했다. 그 일환으로 서울과 부산을 연결하는 경부고속도로 건설을 계획했다.

박정희는 경부고속도로 건설에 대해 고민을 거듭하다 추진하기로 결심했다. 그는 1967년 10월, 건설부 장관에게 경부고속도로 건설을 지시했다.

"늦어도 내년 초에는 착공해야 한다. 기존 국도를 넓히는 것도 좋고 새 길을 내는 것도 좋다. 구체적인 청사진을 만들어 보고하라."

그의 목소리에 강한 의지가 담겨 있었다. 그러나 어디에나 반대파들이 있게 마련이다. 야당과 일부 언론은 막대한 돈을 들여 고속도로를 뚫는다는 생소한 계획에 강하게 반대했다. '국가재정이 파탄 난다'는 식의 비판이 끊이지 않았다. 차라리 그 돈으로 공장을 짓고 일자리를 만드는 게 나라를 살리는 길이라고 목청을 높였다.

박정희는 1968년 연두기자회견에서 다음과 같이 소신을 밝혔다.

"우리가 경부고속도로를 건설한다고 하니 이구동성으로 '안 된다', '꿈이다'라고 반대한다. 그러나 그것은 우리 민족의 꿈이다. 부산에서 신의주까지 고속도로를 건설해서 남북을 주파하고 싶은 것이 분명 민족의 꿈이다. 언젠가는 그런 역사가 오고야 말 것이다. 그래서 우선 경부고속도로부터 건설해서 우리의 꿈을 우리가 실현해가자는 것이다. 안된다고 생각하는 사람이 많지만 나는 절대로 된다고 확신한다."

그의 말을 통해 그때 당시 반대가 얼마나 심했는지 알 수 있다. 사실 경제력과 기술력을 고려하면 무모한 도전일 수도 있었다. 건설을 추진하던 1967년 한국의 1인당 국민소득은 142달러에 불과했다. 경부고속도로 공사비 429억 7,300만 원은 1967년 국가예산의 23.6%나 되었다. 1966년 말 국도 및 지방도 포장률은 5.6%, 자동차 등록대수는 고작 5만 대였다. 따라서 당시 상황에서 보면 고속도로 건설은 허무맹랑한 이야기로 치부될 소지가 다분했던 것이다

그러나 박정희는 눈앞의 나무보다 숲을 보는 혜안을 가진 리더다. 그는 서울에서 부산까지 물류가 원활하게 이루어져야 경제가 발전할 수

있다고 생각했다. 그래서 그는 여당과 일부 언론이 아무리 반대의 목소리를 높여도 경부고속도로 건설에 박차를 가했다. 박정희의 지시에 따라 그해 12월 '국가기간고속도로 건설계획조사단'이 발족되었다. 그는 단면도의 비교검토 및 건설비 산출, 용지매수에 따른 자료 등을 직접 검토하면서 지휘했다.

그는 자주 지프차를 타고 고속도로 건설 현장을 직접 찾거나 헬기를 타고 하늘에서 현장을 확인했다. 그는 고속도로 건설 관련 부서에 공사비를 책정해서 보고하라고 지시를 내렸다. 공사비는 제각각이었다. 박정희는 서울시가 산출한 최저가인 180억 원과 건설부가 책정한 최고가인 640억 원의 중간선인 315억 원에 현대건설이 책정한 380억 원을 비교 검토한 후 300억 원 선으로 정했다. 여기에다 예비비 10퍼센트를 추가해 330억 원 선으로 고속도로 완공을 지시했다. 그 결과 공사비는 일본의 도메이고속도로 건설비에 비해 10분의 1 수준에 불과했다.

공사하는 과정에서 수많은 난관이 있었다. 가장 고전한 구간이 옥천공구로 산세가 높고 험한 탓에 터널을 뚫는 일은 난공사였다. 어느 날 인부들이 당제계곡 쪽에서 20미터쯤 파 들어가고 있을 때 난데없이 와르르 천장 쪽에서부터 벽이 무너져내렸다. 피할 틈도 없이 인부 3명이 그대로 흙더미에 묻혀서 사망하고 말았다. 그 후로도 갑자기 쏟아진 용수로 인해 10명의 인부들이 아래로 추락하는 등 사고가 빈번했다. 단군 이래 최초의 대규모 국책사업으로 불리는 경부고속도로 건설에서 모두 77명의 인부들이 사망했다.

피와 땀과 귀중한 희생으로 마침내 1970년 7월 7일, 공사 시작 2년 반 만에 경부고속도로가 개통되었다. 투입된 인원은 모두 900만 명, 장비는 165만 대로 실로 엄청난 공사였다.

경부고속도로가 개통된 후 산업이 활성화되기 시작했다. 물류를 실은 트럭이 서울에서 부산까지 몇 시간 만에 도착해 선적할 수 있었다. 국토의 대동맥인 경부고속도로로의 개통으로 본격적인 자동차 시대가 열린 것이다. 그리고 '한강의 기적'으로 불리는 경제발전의 초석을 닦을 수 있었다. 박정희의 강한 의지와 멀리 내다보는 혜안으로 건설된 경부고속도로는 교통·경제·사회·문화·군사 등 전 분야에 걸쳐 새로운 도약을 할 수 있는 전환점이 되었다. 그리고 무엇보다 좌절감과 패배감으로 가득 차 있던 국민들에게 '할 수 있다'는 자신감과 긍지를 심어주었다.

1969년 8월, 박정희는 미국을 방문해 공식 일정을 마치고 샌프란시스코 동쪽 로키산맥의 요세미티 국립공원에서 휴식을 취하고 있었다. 그때 그는 간단히 먹을 수 있는 동양 음식을 찾아보았다. 그런데 그곳에는 일본 상표가 붙은 라면이 즐비했다. 어쩔 수 없이 허기를 달래기 위해 일본 라면을 먹은 그는 흡족하지 않았다. 귀국 후 그는 중앙청에서 열린 수출진흥확대회의에서 미국에서 맛보았던 일본 라면 이야기를 꺼냈다.

"요세미티 국립공원에서 한국 라면을 먹을 수 있었다면 내가 닉슨(Nixon) 대통령과 정상회담을 한 것보다 더 큰 성과였을 것입니다. 우리나라에도 품질 좋은 라면이 많이 있는데 어째서 미국 사람들이 라면 좋아하는 것을 모르고 있었는지 답답합니다."

그는 이어서 말했다.

"미국 시장을 살펴보니, 명란, 생선묵 같은 것도 얼마든지 수출할 수 있다는 생각이 들었습니다. 잘 연구해보시길 바랍니다."

이를 계기로 삼양식품은 외국인의 입맛에 맞는 라면을 만들기 위해 연구했다. 그 결과 1969년, 최초로 베트남으로 라면 수출을 시작해 미국, 동남아, 중동, 중남미, 러시아, 유럽으로 시장을 확대했다. 그리고 농심 역시 삼양식품에 못지않게 해외 시장을 개척했다. 지금 우리가 라면을 입맛대로 골라 먹을 수 있는 것은 박정희가 여느 음식보다 라면을 좋아한 덕분이라고 할 수 있다. 박정희 대통령의 라면 사랑과 멀리 내다보는 안목으로 현재 라면은 많은 나라에 수출되어 외화 벌이에 있어 효자 노릇을 톡톡히 하고 있다.

멀리 가려면 나무보다 숲을 볼 줄 알아야 한다. 직업세계에서 성공하는 사람들은 한결같이 숲을 보고 선택하고 집중했던 사람들이다. 그들은 결코 나무에 현혹되어 눈부신 숲을 놓치지 않았다.

나와 함께 작가의 꿈을 키우며 글을 썼던 문우(文友)를 얼마 전 만났다. 반가운 마음에 그와 가까운 커피숍에서 차를 마시며 이야기를 나누었다. 현재 그는 자동차 세일즈맨으로 일하고 있었는데 얼굴 표정에서 피로가 역력했다. 그는 종종 인터넷을 통해 나에 대한 소식을 접한다고 했다. 그러면서 자신도 계속 글을 썼으면 어땠을까, 하는 생각도 든다고 말했다.

"그동안 책도 많이 펴냈더라. 외부 강연도 다니고, 몇 권은 외국에 수출까지 했다며? 아, 나도 그때 계속 글을 썼어야 했는데. 그땐 안정적인 직장을 다니면서도 충분히 글을 쓸 수 있다고 생각했거든. 그런데 살아보니 그게 아니더라. 그때 힘들었어도 내 꿈을 포기하지 않았어야 했는데… 이제 자동차 세일즈도 못 해먹겠어. 나와 맞지 않나 봐."

그가 했던 말이 아직도 귓가에 생생하다.

그 친구와 나는 비슷한 처지에서 시작했다. 둘 다 베스트셀러를 출간하겠다는 꿈이 있었다. 그러나 꿈 실현은 쉽지 않았다. 아니, 불가능하게 느껴지곤 했다. 집이 가난했던 탓에 부모님으로부터 어떤 지원도 바랄 수 없었다. 때문에 여러 직업을 전전하면서 고시원에 틀어박혀 라면에 밥을 말아 먹거나 즉석 카레에다 밥을 비벼 먹었다. 그렇게 1년, 2년, 3년이 흘렀다. 둘 다 서서히 지쳐갔다.

어느 날 그가 도저히 이렇게 살 수 없다며 직장을 구하겠다고 말했다. 그리고 그는 여러 군데 면접을 보았고 직장인이 되었다. 그러나 나는 도저히 포기할 수 없었다. 내 꿈은 이렇게 쉽게 포기할 수 있는 것이 아니었기 때문이다. 조금만 더 하면 분명 내 꿈이 실현될 것 같은 예감이 들었다. 그래서 도저히 손에서 펜을 놓을 수 없었다. 그렇게 다시 몇 년이 흘렀고 마침내 나는 작가가 되었고 내 꿈을 이룰 수 있었다.

남들을 부러워하기보다 남들이 부러워하는 인생을 살고자 한다면 나무보다 숲을 봐야 한다. 지금 당신의 시선은 어디를 향하고 있는가? 눈앞의 나무인가, 울창한 숲인가? 지금 자신에게 질문을 던져보라.

CHAPTER Four

최소 노력으로 성과를 발휘하라

안전한 길은
죽은 자의 길이다

얼마 전 가전제품 전문점에서 판매 일을 하는 30대 초반의 직장인이 다음과 같은 메일을 보내왔다.

저는 현재 가전제품 대리점에서 판매직 일을 하고 있습니다. 30대 초반의 직장인입니다. 언제부턴가 자기계발서나 자기계발 강의를 들으면서 한 가지 꿈이 생겼습니다. 명강사가 되는 것입니다. 그런데 저는 전문대학교밖에 나오지 못했고 관련 분야 지식도 전혀 없습니다. 자기계발서를 내시는 분들을 보면 대부분의 이름 있는 대학교나 대학원을 나온 분들이었습니다. 그분들을 보면 한없이 작아지는 저를 느끼게 됩니다. 차라리 그냥 포기하는 게 더 낫지 않을까, 하는 생각을 해봅니다.

나는 그 직장인에게 이런 답신을 보냈다.

물론 지금 위치에서 명강사가 되기는 어렵습니다. 아직 시간은 많으니 지레 포기하기보다 명강사가 되기 위해 필요한 요소들을 하나씩 채워나가면 됩니다. 학력 때문에 고민이라면 지금이라도 대학교에 들어가 관련 지식을 쌓으며 졸업장을 취득하면 된다고 생각합니다. 그리고 현재 자기계발 명강사들에게 조언을 구해보세요. 그분들에게 어떻게 해서 현 위치에 오를 수 있었는지 정중하게 의견을 구한다면 분명 지혜로운 조언을 들려주실 것입니다.

주위에 해보지 않고 포기하는 사람들이 많다. 그들은 괜스레 도전했다가 처참하게 깨지느니 차라리 이대로 안전한 길을 택하겠다고 말한다. 하지만 그들은 모르고 있다. 세상은 끊임없이 도전하는 사람들에 의해 발전되어왔고, 안전한 길을 택하는 순간 이미 벼랑으로 내몰리게 된다는 것을.

더는 물러날 곳이 없는 상황에서 결연히 마음을 다잡고 응전하는 것을 '배수진(背水陣)을 치다'라고 표현한다. 이는 한나라 장수 한신(韓信)의 고사에서 비롯된 말이다. 당시 중국은 진나라의 멸망으로 한나라와 초나라를 비롯한 여러 나라가 패권을 다투고 있었다. 한신이 속한 한나라도 그중 하나였다.

한신은 위나라를 평정하고 여세를 몰아 조나라 역시 평정하기 위해 군사를 움직였다. 하지만 갓 전투를 마친 상태로 오랜 시간 행군하느라 군사들의 사기와 체력은 이미 바닥에 떨어졌다. 그에 반해 조나라 군대는 인원이나 체력에 있어 훨씬 우월한 상황이었다.

한신은 조나라 군대와의 결전을 앞두고 강을 등진 배수진을 펼쳤다. 퇴로(退路)를 막은 한나라 진영을 보고 조나라 장수들은 한신이 병법을 모른다고 비웃었다. 한신의 휘하 장수들도 한신의 전법을 이해하지 못했다. 한나라 군대를 얕본 조나라 군대는 자신 있게 밀고 들어갔지만 목숨을 걸고 싸우는 한나라 군대를 이길 수 없었다. 한나라 군대는 도망칠 길이 없기에 오직 승리만이 살길이었다. 결과는 한나라 군대의 승리였다.

한신은 이를 두고 "어차피 우리 군대는 지형적으로나 병사들의 수로 보나 적보다 약세이기 때문에, 진을 생지(生地)에 치면 곧 흩어져 달아나 버린다. 그래서 사지(死地)로 몰아넣어 목숨을 걸고 싸우도록 한 것이다"라고 설명했다.

정주영 회장은 불도저 같은 추진력과 황소 같은 뚝심으로 오늘날 현대를 한국 최고의 재벌그룹으로 만들었다. 과거 그는 포드사와 합작회사를 만들어 자동차를 생산하고 싶었다. 1966년 4월, 포드사에서 한국 진출을 염두에 두고 서울의 시장 조사를 한 뒤 미국으로 돌아갔다는 소식이 그의 귀에 들어갔다. 정주영은 마침 차관 교섭차 미국에 가 있던 동생 정인영에게 전화를 걸어 즉시 포드와 자동차 조립 기술계약을 맺으라고 지시했다. 그러자 당황한 정인영이 정주영에게 반문했다.

"아니, 어떻게 그런 일을 하루아침에 합니까?"

정주영은 전화기에 대고 화를 내며 말했다.

"해보기나 했어?"

정주영의 강한 추진력에 그해 12월, 현대자동차를 설립해 포드와 기술계약을 체결할 수 있었다.

박정희의 인생 역정은 현실 안주와는 거리가 멀다. 끊임없는 도전을 통해 이루어진 공든 탑과도 같다. 그는 젊은 시절에 교사라는 안정적인 직업을 그만두고 홀연히 만주로 떠나 만주군관학교 제2기생으로 입교하게 된다. 당시 그는 어떤 생각으로 군인이 되고자 했던 것일까? 바로 자신의 꿈 때문이다. 앞서 이야기한 적 있지만, 박정희는 자주 학생들에게 "넌 커서 뭐가 되고 싶니?"라고 물었다. 그러면 학생은 "선생님은 이다음에 뭐가 되고 싶습니까?"라고 반문했다. 박정희는 미소 지으며 "나? 나중에 봐라. 나는 대장이 될 거다. 전장에 나가서 용감하게 싸워 이기는 대장이 될 거다"라고 대답했다. 당시 그는 군이 경찰보다 더 힘이 세다고 믿고 있었기 때문이다.

박정희는 원래 일본 육군사관학교에 가고 싶었다. 그러나 그는 나이 때문에 지원할 수 없었던 탓에 어쩔 수 없이 만주군관학교에 갈 수밖에 없었다. 처음에 만주군관학교 역시 나이 초과로 지원 대상자에서 제외되었지만, 고향에 내려가 호적의 나이를 한 살 낮추면서 고민을 해결했다.

그가 바라는 인생을 살기 위해선 군인이라는 직업이 반드시 필요했다. 무언가 꼭 필요한 이유를 찾게 되면 절실해지는 법이다. 그래서 그는 혹시라도 만주군관학교 입교가 불허될 것에 대비해 혈서까지 썼다.

그 혈서를 사범학교 시절 자신을 아껴주었던 교련 주임인 아리카와 중좌에게 보냈다. 그 결과 아리카와의 도움으로 만주군관학교 시험을 볼 수 있는 자격을 얻었다.

해방 후, 박정희가 고향에 돌아오자 셋째 형 상희는 "학교 선생이나 계속하지 왜 일본군이 되었냐?"고 핀잔을 주기도 했다. 하지만 그는 고향에서 편하게 살기보다 또 다른 도전을 택했다. 다시 대한민국 육군사관학교 제2기로 졸업해서 육군 대위가 되었고, 그리고 1953년 서른일곱 살의 나이로 장군이 되었다. 젊은 시절 자신이 그토록 염원하던 장군이 된 것이다.

박정희는 늘 안전한 길은 죽은 자의 길이라는 생각을 가지고 있었다. 그래서 늘 진취적인 사고로 개혁을 생각했다. 그리고 그의 신념은 훗날 5·16 군사혁명이라는 이름으로 실행에 옮겨진다. 물론 5·16 군사혁명에 대해 사람들의 의견은 분분하다. 춥고 배고팠던 당시 온 나라가 부정부패로 후유증을 앓고 있었다. 때문에 장면 정부의 주요 인사들은 박정희의 군사혁명 계획을 미리 알고 있었지만 이를 알리지도, 반대하지도 않았다는 설도 있다. 그때 서울에 진입한 혁명군은 3,600명에 불과했지만 별다른 저항 없이 혁명을 성공시켰다. 무엇보다 중요한 것은 이 혁명이 어떤 과정을 거쳐 어떤 결과를 낳았느냐는 것이다. 박정희는 한강의 기적을 통해 눈부신 경제 성장을 이룩했으며 많은 나라들이 이를 연구하며 배우고 있다.

지금보다 더 나은 미래를 꿈꾼다면 절대 현실에 안주해선 안 된다. 승자의 발은 땅을 딛고 서 있지만 시선은 미래를 향해 있다. 그들은 대부분이 꺼리는 가장 하기 싫은 일, 가장 두려워하는 일을 기꺼운 마음으로 해낸다. 인생의 성패는 그런 일들을 기꺼이 하는 정도에 의해 좌우된다는 것을 알기 때문이다.

그러나 패자는 발을 딛고 있는 땅에 시선을 함께 고정한다. 그리고 하기 싫은 일과 두려운 일은 어떻게든 피한다. 새로운 것에 도전을 하지 않다 보니 실력은 늘 제자리걸음이다. 그 결과 경쟁자들이 앞서갈 때 뒤로 처지게 된다.

얼마 전 강연이 끝난 후 한 청중이 다가와 고민을 토로했다.

"저는 잘하는 게 아무것도 없나 봅니다. 어떻게 하면 남들보다 잘할 수 있는 일을 찾을 수 있을까요?"

내가 물었다.

"그동안 어떤 일들을 시도해보셨습니까?"

그는 머뭇거리며 답했다.

"언젠가 한 번 실패했다가 그 뒤로 두려워 엄두도 못 내고 있습니다."

찾아보면 분명 그 역시 남들보다 잘할 수 있는 일이 있다. 그럼에도 찾지 못하는 것은 실패가 두려운 나머지 다양한 시도를 해보지 않기 때문이다. 시도하지 않으면 실패도 없지만 자신이 무엇을 좋아하고 잘하는지, 자신의 강점과 약점이 무엇인지 알지 못한다. 그 결과 더 나은 미래를 창조할 수 없게 된다.

세계적인 동기부여 전문가 앤드류 매튜스(Andrew Matthews)는 "재능이 없다고 말하는 사람들의 대부분은 별로 시도해본 일이 없는 사람들이다"라고 말했다. 그렇다면 계속 시도해본다면? 자신이 바라는 것을 찾을 수 있게 된다.

안전한 길을 택하는 것만큼 위험한 일도 없다. 그런데도 사람들이 새로운 길의 개척을 꺼리는 이유는 무엇일까? 다양한 이유들 가운데 시간 부족을 꼽을 수 있다. 공부하고, 일하고, 해내야 할 일이 산더미처럼 쌓여 있는 탓에 엄두가 나지 않는 것이다. 그런데 희한하게도 늘 앞서가는 사람들은 그렇지 못한 사람들보다 더 많은 일을 하면서도 늘 여유롭다. 자기 계발을 위한 시간을 할애한다. 그들에게 어떤 특별한 비결이라도 있는 것일까?

여기서 안철수의 말을 경청해보자.

"의대 교수로 재직하면서 바이러스 백신을 연구할 때 최대의 고민은 바로 백신개발에 필요한 최첨단 기술을 공부할 시간이 없다는 것이었습니다. 그래서 꾀를 냈습니다. 잡지사에 전화해서 최신기술에 대한 기사를 연재하겠다고 했어요. 당시 그것에 대해 전혀 모르는 상태였기 때문에 너무 힘들었지만 매번 발등에 불이 떨어지니 원고 마감까지 자료를 찾고 원고를 쓸 수밖에 없었어요. 그 일을 계기로 그 분야에 대해 잘 알게 되었고, 덕분에 여러 가지 일을 할 수 있었습니다."

그는 결코 쉽게 성공하지 않았다. 새로운 지식을 쌓아야 하거나 꼭 해야 할 일이 있으면 데드라인을 정해 자기 자신을 가혹하리만치 힘든 상황으로 내몰았다. 이것이 나날이 성장하는 안철수의 성공 비결이다.

편안한 지금, 현실에 안주하지 마라. 오히려 자신을 가혹하게 내몰아라. 그렇게 하지 않는다면, 머지않아 힘든 상황이 자신을 지배하게 되는 처지에 놓이게 될 것이다.

승자들은 구르는 돌과 같은 사람들이다. 그들은 끊임없이 새로운 것에 도전하고 자기계발에 힘쓴다. 쉬지 않고 구르기 때문에 불행이라는 이끼가 낄 여지가 없는 것이다.

목숨 걸고 일하라

설 명절을 앞두고 지인에게 선물할 과일을 사러 대형마트에 들렀다. 마트에 진열되어 있는 많은 사과 중에 가장 먹음직스럽게 보이는 것을 골라 점원에게 포장해달라고 말했다. 점원은 사과 한 상자를 계산대 위에 올리더니 가위로 묶여 있는 포장 끈을 자르는 것이었다.

"아니, 포장 끈은 왜 자르세요?"

당황한 내가 물었다.

"간혹 알이 고르지 못한 것이 들어 있어서요."

점원은 웃으며 말하고는 익숙한 손놀림으로 크기가 고르지 못한 것을 몇 개 골라내고 더 좋은 사과로 다시 채워 넣었다. 그리고는 다시 깔끔하게 포장하더니 상자를 내밀었다. 순식간에 일어난 일이었다.

그 순간 나는 감동이 밀려왔다. 나는 그 사과를 받아든 지인이 기뻐하는 모습이 머릿속에서 그려졌다.

사실 점원이 "손님, 이 사과는 정말 맛있습니다"라며 그냥 그대로 팔았어도 나는 아무런 불만 없이 계산을 마쳤을 것이다. 그러나 만일 그랬다면 그 이상의 감동은 느끼지 못했을 것이다. 나는 계산을 마치고 나와서도 기분이 좋았다. 그 후로 과일을 살 때면 그 대형마트에서 그 점원에게 구입한다. 간혹 지인들에게 그 마트의 사과가 좋다고 권하기도 한다.

사람들은 흔히 고객들에게 "최선을 다하겠다"라고 말한다. 하지만 최선을 다하겠다는 말은 너무나 추상적이어서 선뜻 피부에 와닿지 않는다. 그래서일까. 사람들은 종종 상대가 정말 최선을 다했을까, 하는 의문을 가진다.

그러나 나는 그 점원의 모습을 통해 자신의 일에서 최선을 다하기 위해 노력한다는 자세가 어떤 것을 말하는지 알 수 있었다. 최선을 다한다는 것은 자신의 목숨을 걸고 한다는 말이다. 목숨 걸고 하는 일은 고객에게 예상치 못했던 감동을 불러일으킨다.

삼성생명에서 9년 연속으로 '영업왕'에 오른 예영숙 전무. 그녀는 1993년 삼성생명 설계사로 입사해 2003년 '삼성생명 명예의 전당 헌액', 2006년 삼성그룹 '자랑스런 삼성인상' 수상에 이어 2000년부터 2009년까지 '10년 연속 삼성생명 그랜드 챔피언'에 등극하는 영예를 안았다.

예영숙 전무 역시 과거 숱한 시련과 좌절을 맛봐야 했다. 세일즈 분야에서 가장 힘든 일이 바로 보험이기 때문이다. 게다가 그녀가 보험설계사로서 첫발을 내딛던 시기만 해도 보험 금융을 둘러싼 환경이 무척 열악했다. 보험에 대한 사회적인 통념도 나빴던 터라 연일 크고 작은 허탈감을 느껴야 했다.

보험 일을 계속할지, 그만둬야 할지를 고민하던 어느 날, 그녀는 자신에게 "내가 여기 왜 서 있는가?" 하는 물음을 던졌다. 그리고 곰곰이 생각했다. 지금 하는 일을 제대로 하기 위해선 무엇보다 정체성을 규정짓는 일이 중요하다는 것을 깨달았다. 그녀는 먼저 자신이 하는 일에 대한 사명감을 가졌다. 이 일은 누군가는 꼭 해야 하고, 사회적으로도 반드시 필요한 역할이라고 생각했다. 그리고 이왕 하는 일, 이 분야에서 최고가 되고 싶었다.

그녀는 최고가 되기 위해 일에 대한 풍부한 식견을 갖췄다. 자신이 하는 일에서 누구보다도 많이, 그리고 정확하게 알아야 고객들을 설득할 수 있기 때문이다. 보험에 대한 지식뿐 아니라 금융 지식까지 두루 갖추는 동시에 진심과 정직으로 고객을 대했다. 그 결과 시간이 지나면서 그녀를 찾는 고객들이 늘어났고 최고의 위치에 오르게 되었다.

예영숙 전무는《고객은 언제나 떠날 준비를 한다》에서 쓸데없는 것에 자존심을 세우는 사람들에게 다음과 같이 일갈한다.

나는 영업직에서 일하는 사람이 고객이 물건을 사지 않는다고 '자존심이 상했다'라고 말하면 '그 사람은 처음부터 세일즈맨의 자격이 없는 사람'이라고 단정지어 말한다. 고객이 상품이나 제품을 충분히 이해하지 못해서 물건을 사지 않는 것은 당연한 일이다. 또한 거절하는 방법도 다양할 수 있다. 특히 보험의 경우에는 설계사가 고객에게 상품을 제대로 설명하지 못한 것이 원인일 수도 있다.

이런 경우 탓을 해야 할 사람은 고객이 아니라 바로 자기 자신이며, 자존심이 상해야 할 것은 고객에게 맞는 제안서를 내지 못한 자신의 부족한 실력이다. 그러므로 진정한 자존심은 상대방을 향해 내세울 것이 아니라 자신을 향해 지켜야 한다.

미국의 마케팅 리서치 회사인 '다트넬'의 조사결과에 따르면, 단 한 번만 거절을 당해도 그 고객을 포기해버리는 사람이 무려 48퍼센트나 되었다. 두 번 거절당한 다음에 포기한 사람은 25퍼센트였으며, 세 번까지 권유했다가 포기한 사람은 15퍼센트였다. 결국 세 번만 거절을 당하면 88퍼센트의 세일즈맨들은 그 고객을 포기해버린다. 그러므로 세 번 이상의 거절에도 포기하지 않는 사람은 겨우 12퍼센트에 지나지 않는다는 결론이 나온다.

그렇다면 왜 세일즈맨들은 쉽게 포기하는 것일까? 자신의 정체성을 확립하지 않았기 때문이다. 여기 김밥집을 운영하고 있는 두 사람이 있다. 한 사람은 현재 비록 작은 김밥집을 운영하고 있지만, 머지않아 우리나라에서 가장 큰 '김밥 체인 기업'을 꿈꾸고 있다. 반면에 다른 한 사람은 스스로를 '김밥이나 팔고 있는 사람'으로 생각하고 있다. 이 두 사람 중에 누가 더 성공할 확률이 높을까? 그렇다. 전자다. 그는 스스로를 '김밥이나 파는 사람'으로 규정하지 않았다. 오히려 미래의 '김밥 체인 기업'의 주인이라고 여기기 때문에 늘 손님들을 친절하고 정성껏 대하게 마련이다. 장사는 잘될 것이고 정말 머지않아 꿈이 현실이 된다. 자신을 '김밥이나 팔고 있는 사람'으로 여기는 사람은 늘 불만에 가득 차 있다. 그래서 불친절할 뿐 아니라 손님들과도 다투게 된다. 그러니 당연히 장사가 잘될 리 만무하다.

생각은 행동을 결정하고, 행동은 운명을 결정한다. 이와 같이 자신에 대한 규정이 행동을 결정하고 나아가 운명까지 결정하는 것을 자기규정효과라고 한다. 따라서 먼저 자신이 바라는 인물을 규정해놓게 되면 자신도 모르게 그런 인물로 바뀌게 된다는 것이다.

일본에 '오카노 공업'이라는 회사가 있다. 미국 국방부 관리들과 일본 대기업 관계자들도 앉아서 맞이할 정도로 콧대가 높기로 유명하다. 오카노 공업은 사장을 포함해 단 6명의 직원이 세계의 어떤 기업도 만들지 못하는 고난도의 금형과 프레스를 생산해 연간 6억 엔의 매출을 올렸다. 이렇듯 오카노 공업이 작지만 강한 기업이 될 수 있었던 것은 오카노 마사유키(岡野 雅行) 사장의 장인정신 덕분이다.

오카노 사장은 '목숨 걸고 일한다'는 정신으로 평생을 살아왔다. 그는 남들이 실패한 일을 할 때는 남보다 많은 노력과 끈기를 가지고 매달렸다. 1980년대 초반에 그는 만년필 금형을 자동화하기 위해 무려 5년의 시간을 투자하기도 했다. 작업과 연구를 위해 하루 3~4시간만 자면서 매달렸고, 잠자리에 들었다가도 의문이 생기거나 좋은 생각이 떠오르면 기계 앞으로 달려가기를 반복했다. 그렇게 목숨 걸고 일한 결과는 '독자 기술 개발'이라는 보상으로 돌아왔다.

그가 얼마나 지독한 근성의 인물인지 잘 보여주는 일화가 있다. 지난 2000년 의료기기 회사인 테루모의 개발담당자가 '아프지 않은 주사기의 도면'을 들고 찾아왔다. 개발담당자는 바늘 굵기를 기존의 3분의 2 수준으로(0.2mm) 줄여 환자들이 통증을 느끼지 않을 주사기를 만들어 달라고 주문했다. 오카노 사장이 이 도면을 받고 실제 제품을 완성하기까지는 꼬박 1년 반이란 시간이 걸렸다. 주삿바늘을 가늘게 만드는 것도 어려웠지만 어떤 재료를 쓰고 어떤 공정을 거쳐야 품질이 좋으면서 값도 싸고 대량으로 생산할 수 있는 제품이 될 것인가를 알아내는 것이 힘들었기 때문이다.

그러나 그는 그만 포기하라는 주위 사람들의 반대에도 불구하고 끝까지 매달렸고, 결국 아프지 않은 주사기를 개발하는 데 성공했다. 오카노 공업이 만든 이 주사기는 당시 당뇨병 환자 등 주사를 자주 맞아야 하는 환자들에게 연간 10억 개 이상 공급되었다. 당시 일본 내 수요를 다 감당하기도 어려워 수출을 생각하지 못할 정도로 시장의 반응이 뜨거웠다고 한다. 고작 6명의 직원이 일하던 오카노 공업이 만드는 제품을 왜 대기업들은 만들지 못할까, 하는 의문이 생긴다. 그 이유를 오카노 사장은 "기술력이 아니라 책임감과 끈기가 부족하기 때문"이라고 말한다. 즉, 목숨 걸고 일하지 않기 때문에 못 만든다는 말이다.

1977년 포항제철을 시찰하는 박정희 대통령   출처 : 박정희 대통령 기념관

　박정희는 포항제철소 건립 책임자로 박태준을 점찍어두고 있었다.
그러나 박태준은 자신이 제철소를 만들 수 있을지 확신이 서지 않았다.
그래서 자신은 그럴 능력이 없다는 이유로 몇 차례에 걸쳐 대통령의 제
의를 고사했다. 그러나 박정희 역시 쉽게 물러서지 않았다. 오히려 더 단
호하게 나왔다.

"나는 임자를 알아. 이건 아무나 할 수 있는 일이 아니야. 어떤 고통을 당해도 국가와 민족을 위해 자기 한 몸 희생할 수 있는 인물만이 할 수 있어. 아무 소리 말고 맡아!"

박태준은 박정희의 말에 고무되어 정말 목숨 바쳐 일했다. 그 결과 1970년 4월에 착공한 이래 3년 3개월 만인 1973년 6월, 마침내 우리 힘으로 만든 제철소 고로에서 쇳물을 생산하는 데 성공했다.

어떤 일이건 목숨 걸고 하면 성공하게 되어 있다. 목숨을 걸고 하지 않기 때문에 자신의 모든 역량을 쏟지 못하는 것이다. 당신은 지금 현 위치에 만족보다 불만을 가지고 있지 않은가? 그렇다면 불만은 잠시 접고 스스로에게 '그동안 목숨 걸고 일했는가?' 자문해보라. 몇 초 안에 선뜻 대답하지 못한다면 당신은 목숨 걸고 일하지 않았다는 증거다.

세상은 목숨 걸고 일하는 사람의 편이다. 하늘도 목숨 걸고 일하는 사람을 돕는다. 대기업도 목숨 걸고 매달리는 작은 회사를 당해내지 못한다. 오카노 사장처럼 장인정신으로 일하라. 지금 이 순간, 목숨 걸고 일하는 작은 거인들이 소리 없이 세상을 바꾸고 있다는 것을 기억하라.

멀리 가려면
함께 가라

영국의 한 신문사에서 '영국의 끝에서 런던까지 가장 빨리 가는 방법'에 대해 설문조사를 진행했다. 갖가지 기발한 아이디어와 첨단 과학까지 동원된 대답들이 쇄도했다. 그 가운데 해답으로 결정된 것은 무엇이었을까?

'좋은 친구와 함께 가는 것'이었다. 마음이 통하는 좋은 친구와 함께 여행할 때 더없이 편하고 행복하다. 그 결과 좋은 추억이 된다. 마찬가지로 나라나 기업을 이끌어가는 최고 리더에게도 함께 갈 친구가 필요하다. 그래서 "멀리 가려면 함께 가라"는 말도 있지 않은가. 탁월한 성과를 발휘하는 사람들은 절대 혼자 일하지 않는다. 스스로 자신의 부족한 부분을 알고 있기에 다른 유능한 인재와 함께 일한다. 이것이 성과 창출의 비결이다.

역대 대통령 가운데 가장 탁월한 리더십을 발휘했다고 인정받는 박정희 대통령. 그는 유능한 인재라면 어느 누구라도 기용하기를 주저하지 않았다. 특히 그는 인재를 알아보고 적재적소에 쓸 줄 아는 능력이 탁월했다. 박정희가 재임기간 동안 눈부신 성과를 올릴 수 있었던 것은 그의 강한 리더십과 더불어 적절한 인물을 적합한 자리에 쓰는 용인술 덕분이었다. 그러고 보면 리더는 인재 발굴에 뛰어난 사람들이다. 삼성그룹의 창업자 이병철 회장은 이렇게 말했다.

"기업은 사람이다. 기업은 문자 그대로 업(業)을 기획하는 것이다. 그런데 세상의 많은 사람들은 사람이 기업을 경영한다는 이 소박한 원리를 잊고 있는 것 같다. 나는 내 일생을 통해서 대략 80%는 인재를 모으고 기르고 육성시키는 데 시간을 보냈다."

제너럴 일렉트릭의 전 CEO였던 잭 웰치(Jack Welch)도 "내 업무의 70%는 인재를 발굴하는 데 쓴다. 전략보다 사람이 우선한다"고 말했을 정도로 유능한 인재 찾기에 많은 시간을 할애했다. 이건희 삼성전자 회장 역시 유능한 인재에 목말라했다. "천재급 인재를 확보하라. 창조적인 천재 한 명이 수십만 명을 먹여 살린다"는 그의 말에서 기업의 생존과 성장에 있어 인재가 얼마나 중요한지 알 수 있다.

나라 살리기에 온 신경을 집중하고 있던 박정희는 누구보다 인재의 필요성에 대해 절실히 느꼈다. 그래서 상대가 유능한 인재라면 그가 왜 그 자리를 맡아줘야 하는지 진심으로 설득했다. 진심으로 마음을 움직이는 것, 바로 이것이 박정희 리더십이다. 그래서 많은 사람들은 그를 극적인 감동을 주는 대통령으로 기억한다.

다음은 김인만 작가의 책 《박정희 일화에서 신화까지》에 소개된 일화다.

중앙청 국무총리실에서 경제개발계획 평가교수단 회의가 열렸다. 경제개발계획 평가교수단 회의는 대통령 이하 국무총리, 각 부처 장관과 학계 전문가들이 한데 모여 경제개발계획의 추진 상황을 평가하고 토론하는 자리였다. 이 자리에서 서강대 경제학과 남덕우 교수는 경제문제를 날카롭게 비판하면서 후진국의 경제개발에는 무엇보다 대통령의 리더십이 중요하다는 것을 강조해 주목을 받았다. 남 교수가 경제개발계획 평가교수단 회의를 마치고 나오면서 참석자들과 일일이 악수를 나누던 박정희 앞에 섰다.

"각하, 남 교수는 미국에 교환교수로 가게 되어 앞으로 평가교수단 회의에는 나오지 않습니다."

총리실 관계자가 박정희에게 보고했다. 박정희가 정색하고 물었다.

"그래, 아주 갑니까?"

"아닙니다. 1년 뒤 돌아옵니다."

남 교수는 미국 스탠퍼드 대학의 초청으로 1년간 교환교수로 갈 예정이었다. 박정희가 말했다.

"그럼 나 좀 보고 가시오."

남 교수는 급히 청와대로 들어갔다. 박정희가 남 교수에게 물었다.

"갔다가 반드시 돌아옵니까? 집안의 처자와 부모는 어떻게 하고, 누가 따라갑니까?"

"그냥 두고 저 혼자 갑니다."

잠시 후 박정희는 미리 준비한 금일봉을 남 교수에게 건넸다.

"집 걱정은 하지 말고 연구 열심히 하고 돌아오시오."

그리고 그는 비서실장에게 남 교수가 없는 동안 그 가족의 생활을 돌봐주라고 지시했다. 남덕우는 대통령의 따뜻한 관심과 배려에 몸 둘 바를 몰라 했다.

1년 후 남덕우는 교환교수로 있다가 귀국했다. 그는 어느 날, 라디오에서 자신이 포함된 개각 뉴스를 듣고는 깜짝 놀랐다. 그리고 청와대로 들어오라는 지시를 받았다. 청와대에 들어간 그에게 임명장이 수여되었는데, 신임 장관들과의 간담회에서 박정희는 웃으며 이렇게 말했다.

"남 교수, 정부 정책을 많이 비판하던데 이제 맛 좀 보시오."

그렇게 해서 교수를 천직으로 생각하던 남덕우는 5년간 재무장관으로 있다가 1974년에는 경제부총리에까지 올라 중화학공업 등 굵직한 국가 프로젝터를 지휘했다.

길고 긴 일제의 침탈에 연이은 한국전쟁으로 국가 경제가 필리핀이나 태국보다 훨씬 뒤떨어져 있을 때, 박정희는 뛰어난 용인술을 발휘했다. 그는 인재를 발굴해 경제 규모를 키우는 동인으로 삼았다. 박정희는 모든 수단과 방법을 동원해 제철소를 세웠고, 조선소와 자동차 공장을 지어서 수많은 일자리를 창출했다. 다리와 고속도로를 건설하기 위해 사람들을 총동원했으며, 고속도로 주변마다 숱한 장치산업을 들여왔다. 현재 우리 경제를 지탱하고 있는 커다란 산업들은 대부분 그 시절에 만들어진 것이다. 이 모든 것은 결코 부정할 수 없는 사실이다.

인재 발굴에 갈증을 느꼈다고 해서 박정희가 아무나 기용했던 것은 아니다. 요리를 잘하는 사람일수록 재료 선별에 까다롭듯이 용인술에 뛰어났던 그 역시 인재를 보는 눈이 날카로웠다. 박정희가 생각했던 진짜 인재들은 다음 일곱 가지 특성을 갖추고 있었다.

1. 최고를 향한 열망을 가진 사람
2. 강한 승부 근성이 있는 사람
3. 도덕적 겸양이 있는 사람
4. 감성 지능이 높은 사람
5. 직업윤리를 갖춘 사람
6. 흡수 능력이 높은 사람
7. 핵심 가치에 맞는 가치관을 가진 사람

이 가운데 한 가지라도 부족한 사람은 박정희의 사람이 될 수 없었다. 그 이유는 부족한 한 가지에서 불협화음이 생겨나기 때문이다. 제프리 존스(Jeffrey Jones) 주한 미 상공회의소장은 "박정희 정권 시절에 생긴

'빨리 빨리' 정신은 한국의 정보화를 앞당기기도 했다. 모든 정보가 빛의 속도로 날아다니는 인터넷 세상에서는 5분간 앞서가도 50년을 먼저 갈 수 있다"고 말한 바 있다. 박정희가 단기간에 경제 규모를 키우고 많은 일자리를 만들 수 있었던 것은 일곱 가지 특성을 두루 갖춘 진짜 실력을 가진 사람들과 함께했기 때문이다.

박정희가 진짜 실력을 갖춘 인재들을 발굴해서 기용했다는 것을 보면 그는 누구보다 꼼꼼하고 완벽주의자였다는 것을 알 수 있다. 사실 완벽한 사람들 가운데 이기적인 사람이 적지 않다. 몸담고 있는 조직에서 자신이 가장 뛰어나다고 여기기 때문에 다른 사람은 안중에도 없는 경우가 많다.

1975년 울산공대에 들러 학생의 머리를 만지며 웃는 박 대통령   출처 : 박정희 대통령 기념관

그러나 박정희는 달랐다. 그의 머리는 언제나 최고를 지향하면서도 가슴은 낮고 힘없는 사람들을 향했다. '왼손이 하는 일을 오른손이 모르게 하라'는 말이 있다. 박정희는 이 말을 실천한 사람이지 않을까 하는 생각이 들 정도로 생전에 가난하고 힘든 사람을 남몰래 도와주곤 했다. 언론을 통해 어려움에 처한 사람들의 기사나 병으로 고통스러워 하는 어린이에 대한 기사를 볼 때면 눈가에 눈물이 맺히곤 했다고 박정희를 가까이서 보필했던 사람들은 말한다. 그는 절대 어려운 처지의 사람들을 그냥 방치하지 않았다. 꼭 비서를 보내 이들을 도왔다.

1979년 4월, 부산에서 열 살이던 정효주 양 유괴사건이 발생했다. 전국의 신문 방송들이 효주 양 유괴사건을 집중 보도했다. 경찰이 사건의 실마리를 찾지 못해 국민들이 애태우고 있을 때 박정희는 과감한 결단을 내린다. 각계의 호소와 국민들의 애타는 심경을 대신해 이례적으로 유괴범들에게 특별담화문을 발표한 것이다.

납치 4일 만인 18일, 박정희는 "본인은 이 사건을 접하고 놀라움과 걱정을 금할 수 없었다. 나는 효주 양의 부모와 온 국민과 함께 비통하고 애절한 심정을 감출 수 없다"고 심경을 토로했다. 그리고 죄를 뉘우치고 효주 양을 무사히 돌려보낸다면 관계기관에 죄과를 관대하게 다루도록 하겠다면서 자상하고도 애틋한 인간적인 호소를 잊지 않았다. 그 결과 대통령의 담화문 발표 다음 날 효주 양은 무사히 부모의 품에 돌아올 수 있었다.

진정한 리더는 성과가 사람에서 비롯된다는 것을 알고 있다. 그래서 세상에서 가장 소중하고 중요한 존재가 사람이라는 것을 잘 알고 있다. 그러니 그 누구에게도 상처를 주거나 함부로 대하지 않는다. 사실 어느 직장에 가더라도 동료들에게 비호감인 존재가 있는 반면에, 호감을 주는 직원이 있다. 두 사람의 업무 태도나 성과를 비교하면 후자가 더 뛰어나다는 것을 알 수 있다. 전자는 자신이 가장 잘났다는 착각에 일을 혼자서 하려고 하지만 후자는 동료들과 함께하기 때문이다.

일의 분야를 떠나 성과를 발휘해서 성공하고 싶다면 혼자 일하지 마라. 자신의 부족한 부분은 인정하고 그 부분은 동료에게 부탁하라. 자신의 한계를 인정하지 않는 사람은 시간과 에너지만 낭비할 뿐이다. 그리고 시간과 에너지 낭비는 경쟁력 저하로 이어져 자신의 입지마저 위태롭게 된다.

성공하는 사람들의 주위에는 늘 사람들로 가득하다. 그래서 부족한 부분이 있더라도 표시가 나지 않는다. 다른 사람들이 그 부분을 완벽하게 보완해주기 때문이다.

영국왕립자동차협회의 조사결과에 의하면, 남자들은 길을 모를 때 평균 20분씩이나 버티다가 길을 물어보며, 함께 탄 여성이 "제발 좀 길을 물어보라"고 잔소리를 할 때조차 10분 이상을 꿋꿋하게 버티는 것으로 나타났다. 어느 조직에도 꼭 이런 사람이 있다. 몇 번의 실수를 거듭하면서도 동료들에게 조언을 구하지 않는다. 쓸데없는 자존심은 시간과 에너지 낭비로 이어진다. 인생 여행에 있어서도 길을 잃어버렸을 때 자존심만 내세우기보다 자신이 가려는 길을 먼저 간 사람에게 물어야 한다. 그래야 적은 시간과 노력으로 보다 빨리 도착할 수 있기 때문이다.

미국의 가장 힘든 시대를 이끌었던 링컨 대통령의 힘은 격려 한 줄이었다. 비난과 협박에 시달리던 그가 암살당했을 때 주머니에서 발견된 것은 다름 아닌 낡은 신문 기사 한 조각이었다. 그는 '링컨은 모든 시대의 가장 위대한 정치인 중 한 사람이었다'라고 적힌 그 신문 기사를 주머니에 넣고 다니며 모든 시련과 역경을 견딜 수 있었던 것이다.

세상은 결코 혼자 살아갈 수 없다. 눈부신 성과 역시 혼자 힘으로 힘들다. 그래서 최고의 성과를 발휘하는 사람 곁에는 어김없이 동반자가 있다. 그렇다면 당신의 목적지는 어디인가? 지금 당신은 혼자인가, 아니면 여럿인가? 당신은 누구와 함께 일할 때 발군의 기량을 발휘할 수 있는가?

일을 했으면
성과를 내라

직원을 평가하는 상사의 기준은 단 하나다. '저 친구가 밥값은 제대로 하고 있는지?' 즉 기대한 만큼 '성과'를 내고 있는가 하는 문제다. 사실 이것은 상사가 쌍심지를 켜고 주시하지 않아도 당사자에게 있어 가장 큰 고민거리다. 매일 열심히 한다고는 하는데 성과가 나지 않을 때 입술이 바짝 타고 온몸의 피가 마른다. 지지부진하다 보면 초조하게 되는데 직업세계에 몸담고 있는 사람은 누구나 잘 알고 있다.

그래서 성과가 제대로 나지 않고 자신을 보는 상사의 시선이 곱지 않을 때, 대부분의 사람들은 업무 시간을 늘린다. 때로는 급한 마음에 회사 안에서 연줄을 잡으려고 하거나 심지어 이직을 고려해보는 사람들도 있다. 그런데 이런 눈물 나는 노력에도 성과는 나지 않고 의욕만 떨어지게 된다. 그리고 스스로에게 '왜 그럴까?'라는 질문을 던지게 된다.

성과를 내기 위해선 먼저 업의 본질을 파악해야 한다. 그래야 일을 제대로 할 수 있기 때문이다. 그래서 탁월한 리더는 사업이나 일을 하기 전에 먼저 "이 사업의 근본은 무엇인가?", "이 사업의 핵심은 무엇일까?", "이 사업의 본질은 무엇일까?"라는 질문을 던져야 한다고 충고한다.

이지성은 저서 《스물일곱 이건희처럼》에서 이렇게 말한다.

이건희는 일의 본질을 제대로 파악하기 전에는 어떤 결정도 내리지 않는 것은 물론이고, 일의 본질이 파악될 때까지 스스로에게 '왜?'라는 질문을 밑도 끝도 없이 던지고, 이 질문에 대한 답을 얻기 위해 목숨을 걸다시피 하면서 사색하고 연구하는 것으로 유명하다.

이건희에 따르면 사업은 저마다 독특한 본질과 특성을 갖고 있다고 한다. 때문에 사업에서 성공하려면 무엇보다 일의 본질을 파악하는 게 급선무라고 한다. 일의 본질을 파악하면 자연스럽게 일의 특성을 알게 되고 핵심 성공요인을 찾을 수 있게 되는데, 여기에 관리 역량을 집중할 때 경영자는 사업을 성공으로 이끌 수 있게 된다는 것이다.

이지성의 말에 동감한다. 어떤 일을 하건, 일의 규모가 크고 작건 간에 그 일을 성공시키기 위해선 먼저 일의 본질을 제대로 파악해야 한다. 그래야 그에 맞는 전략을 세움으로써 리스크는 최소화하고 이익은 극대화시킬 수 있다.

일 처리 방식에 있어 박정희는 뛰어난 리더답게 남달랐다. 그는 무엇보다 주먹구구식 일 처리 방식을 혐오할 정도로 싫어했다. 이 말은 일을 대충대충 처리하다가는 언제 박살이 날지 모른다는 말이다. 그는 언제나 꼼꼼하면서 완벽을 추구했는데, 이는 여느 성공한 경영자들과 마찬가지로 업의 본질을 제대로 파악할 수 있었기 때문으로 해석된다.

박정희가 포병학교장으로 있던 시절, 교육처장으로서 그를 보필했던 오정석 중령은 당시 박정희의 교장 훈시를 잊지 못한다.

"위관장교는 발로, 영관은 머리로, 장군은 배짱으로 일하는 겁니다. 위관은 항상 사병들과 더불어 먹고 자고 발로 뛰면서 일해야 합니다. 영관장교는 머리를 짜서 자기 분야에 전념해서 정보를 수집하고 분석해서 상관에게 A안, B안을 제시한 다음 각각의 장단점을 설명하고 '저는 이런 이유에서 어느 안을 추천합니다'라고 건의할 수 있어야 합니다. 영관장교는 전문가적 식견을 갖춰 참모로서 지휘관을 보필할 수 있어야 한다는 말입니다. 장군은 참모로부터 추천받은 안을 선택하는 결심을 한 다음 배짱으로 밀고 나가는 겁니다. 장군은 관리자이지 기능인이 아닙니다."

박정희가 포병학교장으로 있던 시절, 매주 월요일 오전에 참모 브리핑 시간이 있었다. 그 시간이면 참모들은 땀을 흘리며 바짝 긴장해야 했다. 한 참모가 유류 현황에 대해 보고하는 것을 듣고 난 후 박정희는 이렇게 물었다.

"이봐, 지난주엔 232드럼 남았다고 했는데 오늘까지 추가 소모가 없었는데 왜 잔고가 212드럼이 됐지? 20드럼은 어디로 간 거야?"

이처럼 그는 꼼꼼했다. 그에게 혼이 나지 않기 위해 참모들은 차트를 들고 현장을 뛰어다녀야 했다. 그렇게 그는 언성을 높이는 일 없이 부하들을 꼼짝 못하게 만들었던 것이다.

당시 포병학교는 논산훈련소에서 4주간 훈련을 받은 신병들을 포병단 지원으로 받아 4주간의 교육을 시키고 있었다. 이들은 운전 교육을 반드시 이수해야 했다.

하루는 박정희가 오정석 교육처장에게 이렇게 물었다.

"신병들이 여기서 교육받아 나가면 전방에 배치되자마자 포차를 끌어야 하는데, 실제로 신병들이 운전 교육 때 핸들을 잡는 시간은 얼마나 되는가?"

"파악해서 보고하겠습니다."

박정희가 다시 물었다.

"민간 교육장에서는 운전대 잡아보는 시간이 얼마나 되나?"

오 처장은 박정희가 쓸데없는 것까지 신경 쓴다고 생각했다. 그러나 이내 자신의 생각이 그릇된 것임을 깨달았다. 실제 조사를 하는 과정에서 신병들이 운전대를 잡아보는 시간이 1시간도 채 안 된다는 것을 알게 된 것이다. 당시 민간인은 면허를 취득할 때까지 15시간 이상 운전 실습을 하고 있었다.

오 처장은 자신이 조사한 바를 박정희에게 보고했다. 그러자 박정희는 이렇게 지시했다.

"그러면 민간 차원으로 교육수준을 끌어올리는 데 추가로 필요한 교육 기간, 차량, 유류 소모량, 그리고 예산이 얼마나 드는지 산출해서 보고하시오."

박정희는 일을 제대로 할 줄 아는 리더였다. 다시 말해 일을 했으면 성과를 발휘하는 사람이었다. 그렇다면 그는 어떤 식으로 일을 했던 것일까? 구체적으로 한번 살펴보자.

박정희가 군 지휘관 시절 세웠던 원칙을 살펴보면 철저한 성과 위주의 리더십을 고수했다는 것을 알 수 있다.

1. 라인을 만들지 않는다. 박정희는 지나칠 정도로 과묵했으며 상관에 대한 아첨과 패거리 만들기를 극도로 싫어했다. 그의 리더십은 실질적인 업적에서 나왔다.

2. 자애로운 리더십과 개혁적인 마인드를 견지한다. 박정희는 준장으로 진급한 이후 8개월 동안 광주포병학교 교장을 지냈을 때 열정적으로 일했다. 이때 부하들과 돈독한 관계를 유지했는데 그가 군사혁명을 일으킬 당시 광주포병학교 시절 부하로 있던 사람들이 여러 명 참여하게 된다. 이것을 보면 그가 효율적이며 자애로운 리더십의 소유자라는 것을 알 수 있다.

3. 목표를 설정하고 꼭 현장 확인을 한다. 군 시절 박정희를 가까이서 보필한 한 예비역 장군은 "박정희의 명령은 5%이고 확인과 감독이 95%"라고 말했다. 그는 언제나 모든 사물을 3단계로 간결하게 파악하고 그것을 과단성 있게 실행에 옮겼다.

4. 청렴성을 잃지 않는다. 그는 공적인 업무를 핑계로 사적인 용도

로 사용하지 않았다. 오죽했으면 별을 달았어도 한동안 집 한 칸 마련하지 못한 채 셋방살이를 전전했다. 그의 청렴성은 1950년대의 군대 속에서 그를 많은 사람들이 추종하는 리더로 만들었다. 그 결과 그는 군사혁명의 리더로 부상할 수 있었다.

그의 원칙은 다음과 같이 귀결된다.

'쓸데없는 말을 하지 않는다 – 라인을 따르거나 만들지 않는다 – 최선을 다해 일한다 – 목표를 설정하고 반드시 현장을 확인한다'

그가 얼마나 치밀하게 목표와 계획을 세우고 열정을 다해 일했는지 알 수 있다. 사실 이런 자세로 일하는 사람치고 성과를 내지 못하는 사람은 드물다. 무엇보다 그는 어떻게 일해야 효율적으로 일할 수 있는지 아는 사람이었다. 즉 리스크는 줄이면서 적은 투자로 고수익을 올렸다는 말이다.

박정희는 대통령 시절 많은 성과를 냈다. 그 가운데 하나로 새마을운동을 들 수 있다. 박정희 시대의 경제개발 모델을 연구하는 각국의 전문가들은 한국이 성공할 수 있었던 요인으로 지도자 박정희의 리더십과 새마을운동을 꼽는다. 과거 유엔개발계획은 농촌 개발 및 빈곤 퇴치 모범사례로 새마을운동을 선정한 바 있다. 1972년부터 외국에 성공 사례로 알려진 새마을운동은 30년이 넘는 세월 동안 수많은 나라에서 농촌

살리기 모델로 벤치마킹하고 있다. 일찍이 중국의 덩샤오핑은 1980년 대 실권을 잡은 후 번역된 새마을운동 관련 책자들을 당 간부들에게 나눠주면서 "박정희를 배우라"고 지시한 바 있다.

2006년 11월, 박근혜는 중국 공산당 학교인 '중앙당교'의 요청을 받아 새마을운동에 대해 강연을 한 바 있다. 개방과 경제개발이 급속히 이루어지면서 중국은 해안과 내륙, 도시와 농촌 간의 격차가 극심하게 벌어지고 있다. 중국은 이 문제를 해결하기 위한 대안으로 '서부대개발'과 '신농촌운동'을 펼치고 있다. 신농촌운동은 새마을운동을 벤치마킹했다. 신농촌운동의 모델인 새마을운동을 배우기 위해 중국의 많은 공무원들이 한국을 찾았다. 대학에서는 새마을운동에 대한 다양한 연구가 활발하게 진행되고 있다. 1999년, 현대그룹 정주영 회장이 방북했을 때 김정일 국방위원장마저 이렇게 말했을 정도다.

"요즘은 박정희 대통령이 좋게 인식되는 것 같은데 옛날에는 유신이니 해서 비판이 많았지만 초기 새마을운동을 한 덕택에 경제발전의 기초가 되었던 점은 훌륭한 점입니다. 나도 영화를 통해 서울을 보았는데 서울은 일본의 도쿄보다 더 훌륭한 도시로 조선이 자랑할 만한 세계의 도시입니다. 서울에 가면 박정희 전 대통령 묘소도 참배하고 싶습니다. 그것이 예의라고 생각합니다."

어떤 일을 하건 일을 했으면 성과를 내야 한다. 성과를 내지 않는다는 것은 성과를 내지 못한다는 말과 일맥상통한다. 즉, 그 일에서 발전할 가능성이 엿보이지 않는다는 말이다. 회사는 절대 밥값만 축내는 직원에게 관대하지 못하다. 바로 가차 없이 철퇴를 가한다. 지금 자신에게 반문해보라.

'나는 지금 하는 일에서 성과를 내고 있는가?'

성과를 내고 있다면 일을 제대로 하고 있다는 뜻이다. 매일이 즐겁고 흥분될 것이다. 그러나 그 반대라면? 매일이 불안하고 초조할 것이다. 그렇다면 다른 회사를 기웃거리기보다 당장 일하는 방식을 바꿔라.

박정희처럼 일하라!

모든 성공은
도전에서 시작된다

1962년 4월, 박정희 최고회의 의장 앞으로 한 통의 서한이 배달되었다. 서한을 통해 베트남의 응오딘지엠(Ngo Dinh Diem) 대통령은 공산당의 위협이 심각하다며 도움을 요청했다. 박정희는 응오딘지엠 대통령에게 '한국 정부는 가능한 한 최대의 노력을 다하겠다'는 답신을 보냈다.

그러나 베트남에 대한 한국군 파병 문제는 한국 젊은이들의 수많은 목숨이 달려 있는 만큼 결코 가벼운 문제가 아니었다. 그러던 어느 날, 브라운(Brown) 주한 미국대사는 박정희 대통령을 방문했다. 그때 그는 박정희에게 린든 B. 존슨(Lyndon Baines Johnson) 미국 대통령의 친서를 전달했다. 친서에는 한국 정부가 베트남에 이동 외과병원을 하나 지어서 베트남을 도와주었으면 좋겠다는 말과 아울러 태권도 교관도 함께 보내주기를 바란다는 요청이 담겨 있었다. 박정희는 드디어 올 것이 왔다고 생각했다. 말이 이동 외과병원이고 태권도 교관을 보내달라는 말이지, 이는 사실상 파병 요청이었다.

박정희는 베트남에 한국군 파병 문제를 놓고 고민에 빠졌다. 책상 위에 놓여 있던 재떨이에는 담배꽁초가 수북이 쌓여갔다. 그의 고민을 헤아린 육영수 여사는 말없이 재떨이를 비워주고는 나갔다. 시계는 새벽 4시를 가리키고 있었다.

'한국의 젊은이를 베트남에 파병하면 그 가운데 많은 수가 죽게 된다. 하지만 미국의 요청이 있는 한 파병을 거절할 수도 없다.'

그는 고심을 거듭한 끝에 베트남전에 한국군을 파병하기로 결심했다. 과거 한국전쟁 때 미국 정부가 개입한 것에 대한 보답과 더불어 약소국의 현실을 부정할 수 없었기 때문이다. 그렇게 해서 1964년 7월 18일, 한국의 비둘기부대는 베트남으로 떠나는 배에 올랐다. 비둘기부대는 2,000명의 공병단으로 구성된 비전투병이었다. 그러나 그때부터 1973년 3월 23일까지 8년 8개월 동안 한국군은 베트남에서 공산군과 총구를 겨누고 싸워야 했다.

한국군은 총 312,853명이 참전해서 이 중에 4,960명이 소중한 목숨을 잃었다. 부상자의 수도 15,933명에 달했을 정도로 격전이었다. 당시 한국은 공산화되어 있던 7,000제곱킬로미터의 지역을 평정했는가 하면, 베트남 난민 120만 명을 새로운 거주지에 정착시키고 보호했다. 그들은 때때로 베트남 농민들의 농사일을 돕거나 농기기와 탈곡기를 지원하기도 했다.

당시 파병된 한국군은 미국 정부로부터 그 대가로 월급을 받았다. 당시 파병 군인들이 본국에 송금한 월급은 3억 달러로 경제 발전을 이룩하는 데 큰 보탬이 되었다. 뿐만 아니라 한국의 대기업들도 한국군에 물품을 납품하고 일부 미국 PX에 물품을 공급하면서 10억 달러의 돈을 벌 수 있었다.

한국군이 베트남전에 참전하면서 얻은 이득은 돈에만 국한되지 않았다. 당시 영세하던 우리나라 기업의 경영 방식을 근본적으로 개선하는 계기가 되었다. 미군의 납품 조건을 맞추기 위해 억지로라도 장비나 인력 등을 현대화하지 않으면 안 되었기 때문이다.

한국 정부는 베트남 파병 기간 동안 벌어들인 돈으로 방위산업과 중화학공업을 일으킬 수 있었다. 그 결과 1967년에는 비로소 북한과 대등한 힘의 균형을 이룰 수 있게 되었다.

많은 반대에도 불구하고 베트남 파병은 결과적으로 한국 경제에 추진력이 되어 주었다. 1965년의 1인당 국민소득은 105달러였고, 국민총생산도 8,075억 원에 불과했다. 그러나 베트남에서 한국군이 철수하고 난 뒤 1인당 국민소득이 무려 5배가 넘는 541달러에 이르렀고, 국민총생산도 거의 10배 가까운 7조 5,917억 원에 달했다. 물론 한국 젊은이들의 희생이 컸지만 박정희의 베트남 파병 선택이 현명했다는 것을 알 수 있다.

1967년, 김기형 장관과 함께 과학기술처 개청식에서 현판을 거는 박정희 대통령의 모습

출처 : 박정희 대통령 기념관

1960년대 박정희는 과학기술기관 설립을 꿈꾸고 있었다.

'기술을 아는 사람이 없는 탓에 만들어낼 줄 모르고, 기술을 어디서 가져와야 되는지도 모르는 지금으로서는 기업과 학계를 연계하는 매개체로서의 연구기관이 절실하다.'

그는 자원도, 돈도 없는 우리나라가 먹고살 길은 사람으로 하는 과학기술 연구밖에 없다고 생각했다. 과학기술기관 설립이 구체적인 계획으로 옮겨갈 수 있었던 것은 1965년 5월, 미국 존슨 대통령과의 정상회담에서였다. 회담에 앞서 미국 측으로부터 한국군 베트남전 파병의 대가로 무언가 선물을 해주고 싶다는 연락을 받았다. 그때 박정희는 인재를 양성하는 연구기관 설립을 제시했다. 이렇게 해서 설립된 한국과학기술연구원(KIST)은 고급 과학기술 인력을 양성해서 장기적인 국가성장의 발판이 되었다.

그러나 과학기술기관이 설립되었다고 해서 저절로 연구가 이루어지는 것은 아니다. 그에 맞는 인재를 확보해야 했다. 박정희는 외국에 나가 있던 과학자들에게 조국으로 돌아와달라고 호소했다. 그의 호소에 2백여 명이 넘는 과학자들이 척박한 환경에도 불구하고 애국심 하나로 조국으로 돌아왔다.

당시 박정희는 자주 대덕단지를 찾아 과학자들과 이야기를 나누며 격려를 아끼지 않았다. 그만큼 과학자들에게 거는 기대와 믿음이 컸기 때문이다. 시간이 지나면서 과학자들의 성과가 하나둘 나오기 시작해 방위산업의 기반을 마련하는 초석이 되었다.

그는 현재보다 미래를 보며 일을 계획했다. 그 일이 미래를 변화시킨다는 확신이 서면 강한 반대에도 불구하고 소신을 가지고 진행했다. 박정희의 말을 들어보자.

"방위산업이나 중공업 발전, 종합제철소 건설 같은 일이 지금 당장 힘에 부치더라도 이것이 가까운 미래에 우리의 살길을 열어주고 국력을 신장시켜줄 무기가 된다. 아직 이르다는 사람들도 있지만 지금이 바로 적기다."

소신을 가지고 일을 계속 밀고 나가는 것, 이것이 바로 박정희 리더십이다. 그는 사람들로부터 욕을 먹더라도 절대 두려워하지 않았다. 오히려 경계해야 할 것은 두려움에 굴복해 자신의 길을 가지 않는 것이라고 여겼다.

성공한 사람들에게는 평범한 사람들에게서는 엿볼 수 없는 강점이 있다. 바로 실패를 두려워하지 않고 거침없이 도전한다는 것이다. 그들은 자신의 꿈을 향해 도전하고 또 도전한다. 물론 도전한다고 해서 모두 이루어지는 것은 아니다. 때로 넘어지거나 처참하게 실패하기도 한다. 하지만 그렇더라도 또다시 심기일전해서 도전한다. 그리고 마침내 꿈을 현실로 만든다.

삼성그룹의 창업자 이병철 회장은 1982년, 미국 보스턴대학에서 명예 경영학박사 학위를 받기 위해 비행기에 올랐다. 이때 그는 세계 최고 컴퓨터 회사인 IBM을 방문해 완전 자동화된 반도체공장을 둘러보게 된다. 그리고 IBM이 반도체를 생산하는 것을 보고 본격적으로 반도체 사업에 뛰어들기로 결심했다.

'자원이 없어도 기술만 있으면 충분히 성공할 수 있는 분야가 바로 반도체야. 그래, 10년 후에는 반도체가 대세일 거야.'

귀국하는 비행기 안에서 이병철은 반도체 사업에 대해 깊이 생각했다. 그의 나이 벌써 일흔을 넘어서고 있었다. 이병철은 그해 10월 회사 내에 반도체·컴퓨터 사업팀을 조직했다. 그리고 반도체·컴퓨터 팀원들에게 "지금까지 개발된 반도체와 컴퓨터 제품의 성능과 원가, 가격, 시장의 움직임 등을 조사해서 반도체와 컴퓨터 사업의 단기간, 장기간 사업계획을 세워서 보고하라"고 지시했다.

이병철은 매일 팀원들이 올리는 사업계획서를 면밀히 검토했다. 하지만 해외에선 "삼성의 반도체 진출은 반드시 실패할 것"이라고 혹평했고, 국내도 격려보단 우려가 더 많았다. 삼성 내에서도 반도체 사업 진출에 반대하는 목소리가 높았다. 그는 임직원들의 반대 목소리를 겸허히 받아들였다. 그들이 하나같이 거세게 반대하는 것에는 그만한 이유가 있어서라고 생각했다. 사실 반도체 사업은 도박과 같았다. 만일 실패라도 한다면 그 타격은 가히 상상도 할 수 없을 정도로 심각할 것이었다. 그러나 이병철은 반도체 사업에 진출하겠다는 자신의 신념을 굽히지 않았다. 그는 극구 반대하는 임원들에게 단호하게 말했다.

"자네들은 과거에 내가 제일제당 공장을 지을 때도, 제일모직을 시작할 때도 지금처럼 불가능하다고 반대했었지. 그리고 비료공장을 설립할 때도 내내 반대만 했어. 하지만 우리는 모두 성공적으로 해냈어. 가치 있는 일에는 그만한 위험이 따르기 마련이야. 그렇다고 포기할 순 없지 않은가."

이병철은 반도체·컴퓨터 사업 팀원들이 만든 보고서를 들고 일본으로 건너갔다. 산켄전기의 오타니 다이묘(大谷大命) 회장을 비롯한 수많은 반도체 전문가와 사업가들을 만났다. 그들 역시 대부분 실패할 것이라며 반도체 사업으로의 진출을 반대했다.

해외와 국내, 안팎으로 삼성의 반도체 사업 진출을 반대하는 목소리가 거세졌다. 하지만 유일하게 부회장 이건희는 반도체 사업 진출에 찬성했다. 사실 이병철이 반도체에 대해 전혀 지식이 없을 때 사재를 털어 한국반도체라는 회사를 인수했던 주인공이 바로 이건희였다.

고심을 거듭하던 끝에 이병철은 1983년 3월 15일자 〈중앙일보〉에 삼성이 반도체 사업에 뛰어든다는 것을 천명했다. 반대파 목소리를 잠재우기 위해 배수진을 쳤던 것이다. 그렇게 해서 삼성은 최첨단 반도체 사업에 진출했다. 그리고 얼마 뒤 삼성은 64KD램의 생산과 조립, 검사까지 자체적으로 개발하는 데 성공했다. 이로써 미국과 일본에 10년 이상 뒤처져 있던 한국의 기술 수준을 불과 3, 4년 차이로 좁히게 되었다.

한국이 반도체 개발에 성공했다는 소식에 미국과 일본을 비롯한 세계는 깜짝 놀랐다. 특히 한국보다 일찍 반도체 시장에 뛰어든 일본은

"한국에서는 1986년까지 제대로 된 반도체 제품을 개발하기가 불가능하다"고 말한 적이 있기에 그 충격은 대단했다. 삼성전자는 일본이 20년에 걸려 이룬 일을 단 6개월 만에 해낸 것이다. 삼성이 반도체 사업에서 성공하자 아남, LG, 현대 등도 앞다투어 뛰어들었다. 현재 한국이 반도체 강국이 된 것은 이병철 회장의 도전정신 때문이었다. 현재 삼성은 세계 반도체 시장에서 1위 자리를 굳히고 있다.

진정으로 하고 싶은 일, 가슴 뛰는 일에 도전하라. 도전이 없는 삶은 죽은 자의 삶과 같다. 도전할 때 우리는 자신의 잠재력을 깨닫게 되고 더 나은 미래를 만들게 된다. 성공자들의 대부분이 시작은 초라하고 힘들었다. 그러나 결국은 도전을 통해 자신이 원하는 것을 창조했다.

캐나다 작가 스티븐 리콕(Stephen Leacock)은 이렇게 말했다.

"우리 인생은 참으로 기묘하다. 어린아이들은 '내가 청년이 되면…' 하고 말하고, 청년들은 '어른이 되면…' 하고 말하고, 어른이 되면 '결혼하게 되면…' 하고 말한다. 그러나 결혼한다고 해서 달라지는 게 있는가? 다음에는 '은퇴하게 되면…' 하고 회한에 찬 말을 꺼내기 시작할 것이다. 그러다가 결국 은퇴하게 되면, 이미 지나가버린 자신의 모습을 되돌아보게 된다. 차디찬 바람이 스쳐 지나가면서 과거라는 경치를 제대로 보지도 못했다는 생각이 들 때는 벌써 모든 것이 보이지 않는다. 인생이 매일, 매시간을 살아가는 것의 연속임을 깨닫게 될 때는 이미 늦은 것이다."

인생은 단 한 번뿐이다. 길어봐야 백 년이다. 하고 싶은 것이 있다면 도전하라. 그 과정에서 아홉 번을 실패해도 열 번째 도전하라. 도전을 통해 더 나은 내가 되고 세상의 주인공으로 거듭난다. 운명을 개척하는 힘은 도전에서 나온다.

모든 성공은 도전에서 시작된다. 당신의 가슴을 뛰게 하는 일은 무엇인가? 단 하루밖에 살 수 없다면 당신은 어떤 일을 가장 하고 싶은가? 때로 넘어져 좌절할 때 아놀드 파머(Arnold Palmer)의 말을 떠올려라.

"만약 당신이 패배했다고 생각하면 당신은 패배한 것이다. 만약 당신이 패배하지 않았다고 생각하면 당신은 패배한 것이 아니다. 인생의 전쟁은 강한 사람이나 빠른 사람에게 항상 승리를 안겨주는 것은 아니다. 승리하는 사람은 자기가 할 수 있다고 생각하는 사람이다."

강한 집념은
산도 옮긴다

고사성어 '우공이산(愚公移山)'에 관한 이야기다.

옛날, 중국의 북산에 우공이라는 아흔 살이 된 노인이 태행산과 왕옥산 사이에 살고 있었다. 이 산은 사방이 7백리, 높이가 1만 길이나 되는 큰 산으로, 북쪽이 가로막혀 교통이 불편했다. 어느 날 우공이 가족을 모아놓고 이렇게 의논했다.

"나는 너희들과 힘을 합쳐 험한 산을 깎아 평지로 만들고 예주의 남쪽까지 곧장 길을 내는 동시에 한수의 남쪽까지 갈 수 있도록 하고 싶다. 너희들은 어떻게 생각하느냐?"

모두 찬성했으나 그의 아내만이 반대했다.

"당신 힘으로는 조그만 언덕 하나 파헤치기도 어려운데, 어찌 이 큰 산을 깎아내려는 겁니까? 또, 파낸 흙은 어찌하시렵니까?"

그러자 일제히 이구동성으로 말했다.

"어머니, 걱정할 것이 없습니다. 흙이나 돌은 발해의 해변이나 은토의 끝에 내다버리면 됩니다."

다음 날부터 우공은 세 아들과 손자를 데리고 돌을 캐고 흙을 파내어 그것을 발해 해변으로 운반하기 시작했다. 당시 황허가에 사는 지수라는 자는 우공의 가족을 보고 비웃으며 충고했다.

"어르신의 어리석음도 대단하군요. 살날이 얼마 남지 않은 영감님의 그 약한 힘으로 산의 한쪽 귀퉁이도 제대로 파내지 못할 텐데, 이런 큰 산의 흙이나 돌을 대체 어쩌자는 것입니까?"

우공은 딱하다는 표정으로 답했다.

"내 비록 앞날이 얼마 남지 않았으나 내가 죽으면 아들이 남을 테고, 아들은 손자를 낳고……. 이렇게 자자손손 이어가면 언젠가는 반드시 저 산이 평평해질 날이 오겠지."

지수는 우공의 말을 살 날이 얼마 남지 않은 노인의 노망쯤으로 생각했다. 그런데 그 말을 듣고 더욱 놀란 것은 두 산의 사신(蛇神)이었다. 산을 파내는 일이 언제까지나 계속된다면 큰일이라고 여겨 하느님께 사정을 호소했다. 하느님은 우공의 진심에 감탄해 힘센 신(神)인 과아제의 두 아들에게 명하여 태행, 왕옥의 두 산을 짊어지게 한 다음, 하나는 삭동 땅으로, 다른 하나는 옹남 땅으로 옮겨 놓았다. 그 후부터 익주의 남쪽, 한수의 남쪽으로는 낮은 야산도 보이지 않게 되었다.

강한 집념은 산도 옮긴다. 강한 집념 없이는 절대 성공할 수 없다. 어중간한 성과밖에 올릴 수 없다. 자동차를 움직이기 위해선 연료가 있어야 하듯이 성공에 도달하기 위해선 강한 집념이 필요하다. 강한 집념은 어떤 어려움 속에서도 뜻하는 바를 향해 나아가게 한다.

그렇다면 강한 집념은 어떻게 발휘되는 걸까? 자신이 왜 그 일을 해야 하는지, 왜 성공을 해야 하는지 절실한 이유를 찾아야 한다. 독일의 철학자 니체(Nietzsche)는 "살아야 할 이유를 아는 사람은 그것에 이르는 방법도 찾아낸다"고 말했다. 상황이 절박하거나 절실한 이유를 찾게 되면 우리의 뇌는 강한 집념 모드로 바뀌게 된다. 이 상태에서는 절대 딴생각을 할 수가 없다. 오로지 자신이 이루고 싶은 것만 떠오르게 된다. 그래서 성공자들은 자신의 분야에서 최고가 되기 위해선 가장 먼저 꿈을 이루어야 하는 절실한 이유를 찾아야 한다고 충고한다.

그러고 보면 박정희는 강한 집념의 사람이라는 것을 알 수 있다. 그는 한 가지 일을 계획하고 추진할 때는 절대 다른 것에 시선을 돌리지 않았다. 오로지 좀 더 빨리 달성하는 데 초점을 맞췄다. 그가 지녔던 집념은 보통 사람과는 달랐다. 그래서 흔히 사람들은 박정희 하면 작은 몸집에 놀라우리만치 강한 집념을 떠올린다. 상대를 압도하는 강한 카리스마 역시 강한 집념에서 비롯된 것이다.

'판문점 도끼만행 사건'으로 남북이 전쟁발발 직전까지 갔을 때의 일이다. 박정희는 특별임무를 부여한 작전이 진행 중인 그 시간에 청와대에서 서류를 검토하고 있었다. 김정렴 비서실장은 전쟁이 나는 걸 기정사실로 알고서 안절부절하지 못했다. 마침내 김정렴 비서실장에게 보고가 올라왔다. 작전은 성공적으로 끝났고 북괴놈들은 아무런 저항이 없었다는 내용이었다. 김정렴 비서실장은 너무 기뻐서 급히 대통령에게 이 기쁜 소식을 전하기 위해 집무실로 달려갔다. 문을 열고 들어가보니 대통령은 쳐다보지도 않고 서류만 들여다보고 있었다. 그 상태로 급히 성공적인 상황종료를 보고했다. 그러자 대통령은 시선을 서류에 그대로 고정한 채 이렇게 말했다.

"그렇겠죠. 알겠습니다."

김정렴 비서실장은 당시를 회고하면서 이렇게 말했다.

"그 작은 체구가 그땐 그렇게 크게 보일 수가 없었다."

한국과학기술연구원(KIST) 역시 박정희의 강한 집념에서 탄생한 산물이라고 할 수 있다. '기술을 아는 사람이 없는 탓에 만들어낼 줄 모르고, 기술을 어디서 가져와야 되는지도 모르는 지금으로서는 기업과 학계를 연계하는 매개체로서의 연구기관이 절실하다'는 생각에서 1960년대 박정희는 과학기술기관 설립을 꿈꾸고 있었다.

그가 과학기술기관 설립을 구체적인 계획에 옮길 수 있었던 것은 앞서도 잠깐 이야기했지만, 1965년 5월 미국 존슨 대통령과의 정상회담에서였다. 회담에 앞서 미국 측으로부터 한국군 베트남전 파병의 대가로 뭔가 선물을 해주고 싶다는 연락을 받았고, 그때 박정희는 인재를 양성하는 연구기관 설립을 제시했다. 이렇게 해서 설립된 KIST는 고급 과학기술 인력을 양성해서 장기적인 국가성장 발판이 되었다.

당시 박정희는 자주 KIST를 방문해서 관계자들을 격려했고, 훗날 KAIST의 전신인 한국과학원은 재학생들에게 충분한 장학금과 연구비 지원, 기숙사 제공, 그리고 당시에는 유례없던 병역특례조치 등 여러 가지 혜택을 제공했다.

외국에서 밀가루 한 포대라도 더 얻어와야 했던 지독히 가난했던 시절, 나라를 부흥시키겠다는 박정희의 강한 집념으로 마침내 미국의 원조를 받아 KIST를 설립할 수 있었다. 그의 강한 집념과 미래를 내다보는 혜안이 경제 성장의 초석을 다졌고, 뿐만 아니라 과학기술 인재를 우대하는 정책에 힘입어 전 세계적으로 유례없는 고속성장을 이루며 G20 개최국으로 우뚝 설 수 있었다.

물론 KIST를 설립하는 과정에서 여러 어려움들이 뒤따랐다. 하지만 그는 KIST를 설립함으로써 얻게 되는 파생효과를 생각했다. 비록 당시는 한국의 과학기술이 초라했을지라도 KIST 설립 후 과학기술이 눈부시게 성장하리라는 것을 예견했던 것이다.

조선소 건설 역시 박정희와 현대건설 정주영 사장의 강한 집념에서 비롯되었다. 조선소 건설에는 막대한 돈이 필요했다. 그러나 그 당시 국내 외환 사정은 아주 열악한 상태였다. 게다가 배 건조 기술 역시 미미했다. 따라서 대통령 혼자의 뚝심으로 밀어붙이기에는 자금이 너무나 많이 필요했다. 그러나 그런 온갖 시련과 역경을 이겨내고 박정희와 정주영은 조선소 건설을 성공시켰다. 불가능을 가능으로 바꾼 것이다.

현대건설 정주영 사장이 조선소 건설에 드는 돈을 빌리기 위해 런던에 갔을 때로 돌아가보자. 정주영이 버클레이은행으로부터 차관 승인을 받았지만, 또다시 수출입은행에서 승인을 받아야 하는 난관을 앞두고 있었다. 정주영이 조선소 건설을 포기할지도 모른다는 생각에 박정희는 그를 청와대로 불렀다.

박정희는 정주영에게 "자신을 던지고 대의를 선택하면 우군이 생긴다"는 말로 힘을 실어주었다. 그의 말에 고무된 정주영은 다음 날 즉시 런던으로 떠났다. 그는 동행한 김윤규 상무에게 "영국에서 제일 좋은 대학이 어디냐?"고 물었다. 그러자 김윤규는 난데없는 질문에 얼떨결에 "옥스퍼드 대학"이라고 답했다.

정주영은 당장 옥스퍼드 대학으로 향했다. 옥스퍼드 대학에 들어선 정주영은 대학 교정을 10분쯤 말없이 걷고는 "이제 됐다. 가자"라고 하면서 버클레이은행장을 만나러 갔다.

"이번엔 또 무슨 일로 오셨습니까?"

버클레이은행장이 물었다.

"아, 내가 방금 전에 옥스퍼드 대학에서 경제학 박사학위를 받았습니다."

그러자 은행장은 황당한 표정을 지었다. 그의 옆에 서 있던 김윤규 상무도 마찬가지였다. 통역을 맡은 김윤규는 어이가 없어서 나지막하게 물었다.

"사장님, 언제 박사학위를 받았어요?"

"임마, 아까 받았다고 그래."

김윤규는 정주영이 시키는 대로 통역했다.

버클레이은행장은 어떤 논문으로 박사학위를 받았는지 물었다.

"내가 조선소 건설에 관한 논문을 제출했더니 단 2시간 만에 박사학위를 줍디다."

버클레이은행장이 박사학위를 보여달라고 말하자 그는 이렇게 물었다.

"은행장님, 이것이 무엇인지 아십니까? 이 돈에 무엇이 그려져 있습니까?"

버클레이은행장이 정주영이 내민 500원짜리를 살펴보았다.

"이것이 거북선이라는 배요. 우리나라에서는 500년 전에 이런 배를 만들었습니다. 이 배 1척으로 수백 척이나 되는 일본군함과 싸워 이겼소. 우리 민족은 잠재력을 가지고 있습니다."

지폐 속에 그려진 거북선을 찬찬히 보던 버클레이은행장이 말했다.

"잘 알았습니다. 한국 조선공업의 역사가 만만치 않다는 것을 느꼈습니다. 당신이 말한 돈은 빌려드리겠습니다. 그러나 조건이 있습니다. 당신이 만든 배를 누군가가 사겠다는 계약서를 가지고 오세요. 계약서를 가지고 오면 그 자리에서 돈을 내드리겠습니다."

우여곡절 끝에 버클레이 은행으로부터 돈을 빌리는 데 성공한 정주영은 다시 배를 사줄 사람을 찾아 나섰다. 그는 즉시 그리스 아테네로 날아가 선박왕 조지 리바노스(George Livanos)를 만났다. 그는 "배를 사겠다는 당신의 계약서만 있으면 영국 버클레이 은행으로부터 돈을 빌릴 수 있다"며 배 1척을 발주해달라고 부탁했다. 갑작스럽고 황당한 부탁이었지만 리바노스는 정주영이 보통 사람이 아니라는 것을 직감하고는 그 자리에서 배 2척을 발주했다. 그렇게 해서 정주영은 버클레이 은행에서 4,300만 달러를 차관해 귀국할 수 있었다.

보통 사람 같았으면 처음부터 조선소 건설은 불가능하다며 포기했을 것이다. 이것이 박정희, 정주영과 보통 사람의 차이다. 보통 사람은 바로 앞의 것만 보지만 성공자들은 보이지 않는 것까지 본다. 여기에다 강한 집념이 더해져 기적 같은 일이 실현되는 것이다.

당시 정주영은 버클레이은행장이 제시한 선박 발주 계약서를 얻기 위해 세계 유수의 해운 회사들을 찾아다녔다. 그때 그가 가진 것은 울산 미포만의 모래사장 사진과 5만분의 1 지도뿐이었다. 그는 그 사진을 선박왕 리바노스 회장에게 보여주고는 26만 톤급 유조선 2척을 수주했다. 이로써 세계 조선 역사상 처음으로 조선소 건설과 선박 건조를 동시에 진행하는 '신화'를 이룰 수 있었다.

얼마 전 공무원 시험을 준비 중인 20대 여대생이 나에게 메일을 보냈다.

저는 휴학을 하고 공무원 시험을 준비하고 있는 여대생입니다. 지금까지 두 차례나 시험에서 떨어졌는데도 공부가 안 됩니다. 시간이 지나면서 좌절감만 더해져 휴학한 게 잘한 선택인지도 모르겠고, 사실 공무원 시험에 합격할 자신도 없습니다. 이런 상황인데도 남자친구가 자꾸 떠오르고 그 사람은 지금 뭐하고 있을까 하는 생각으로 시간을 보내곤 합니다. 뭐가 문제일까요?

변화를 원하면서도 실천하지 않는 이유는 절박하지 않기 때문이다. 공무원 시험에 떨어져도 다른 길이 있기 때문이다. 즉, 그럭저럭 견딜 만하기 때문이다. 만일 여대생의 집이 찢어지게 가난한 데다 병든 부모님까지 부양해야 하는 처지라면 놀면서 공부하지는 못할 것이다. 그만큼 상황이 절박하면 죽기 살기로 공부에 매달리게 된다.

W.R. 휘트니는 "사람들은 자신이 하고 싶은 일을 할 수 없는 수천 가지 이유를 찾고 있는데, 정작 그들에게는 그 일을 할 수 있는 한 가지 이유만 있으면 된다"고 말했다. 그렇다. 그 한 가지 이유를 찾아야 한다. 지금 내가 왜 이 일을 하고 있는지, 왜 꿈을 이루어야 하는지, 성공해야 하는지 그 절실한 이유를 찾아야 한다. 그러면 자연스레 목표하는 바를 달성하기 위해 강한 집념이 발휘된다.

노래 〈옥경이〉로 유명한 가수 태진아. 그의 젊은 시절은 눈물겨울 정도로 고난의 연속이었다. 어려운 가정형편으로 초등학교밖에 나오지 못한 그는 어린 나이 때부터 돈을 벌기 위해 안 해본 일이 없다. 웨이터, 구두닦이, 신문팔이, 우유 배달원, 식당 종업원, 노숙자 등 그의 인생에서 거쳐간 직업은 무려 서른일곱 가지나 되지만 단 한 번도 배불리 먹어본 적이 없다.

식당 종업원으로 일하던 어느 날 우연히 한 작곡가의 눈에 띄어 가수의 길을 걷게 되었다. 고생 끝에 〈추억의 푸른 언덕〉으로 데뷔했지만 반응이 신통치 않자 그는 미국으로 떠났다. 다시 미국에서 쓰레기통을 뒤져야 할 정도로 처절한 고통을 겪어야 했다.

그러나 그는 자신의 꿈을 이루어야 하는 절실한 이유를 알고 있었다. 그만큼 절박한 상황에 내몰렸던 것이다. 그는 자신의 꿈을 이루기 위해 숱한 어려움을 이겨냈다. 그리고 마침내 태진아는 1989년, 노래 〈옥경이〉가 히트하면서 가수로 성공할 수 있었다.

성공은 쉽지 않다. '이게 아니면 죽는다'는 심정으로 매달려야 한다. 성공한 사람들에게는 다음 두 가지가 있다. 현재 상태에서 벗어나지 않으면 안 되는 절박한 이유와 어떤 일이 있어도 원하는 바를 달성해야 할 간절한 이유다. 이 두 가지가 결여된 사람은 절대 성공할 수 없다. 결심을 실천하고 계속 유지할 수 없기 때문이다.

창조주는 왜 우리가 얻고자 하는 것을 시련과 역경 속에 감춰놓았을까? 그 이유를 미국 건국의 아버지 토머스 페인(Thomas Pain)은 《미국의 위기》에서 다음과 같이 말한다.

"전투가 힘들수록 그 승리는 더욱 값지다. 무언가를 너무 쉽게 획득

한다면, 그것을 가벼이 여기게 될 것이다. 어떤 가치에 자신의 모든 것을 바쳐야만 그것을 귀중하게 여길 것이다."

이것이 바로 죽을힘을 다해야만 비로소 목표한 바를 얻을 수 있는 이유다.

벼랑 끝으로 내몰아라

'기적의 사과'가 있다. 사과를 반으로 갈라 냉장고 위에 방치했는데 2년이 지나도록 썩지 않고, 일반적인 갈변도 없이 달콤한 향을 내뿜는다. 이 기적의 사과는 기무라 아키노리(木村秋則)라는 일본 농부의 눈물 나는 절박함 속에서 탄생했다.

기무라 아키노리는 아내가 농약을 뿌린 후에 일주일씩 앓아눕는 것을 보고 가슴이 아팠다. 그래서 그는 무농약으로 사과를 재배할 수 있는 방법에 대해 고민했다. 방법을 찾던 중에 우연히 후쿠오카 마사노부(福岡正信)가 쓴《자연농법》을 접하게 되었다. '아무것도 안 하는, 농약도 비료도 안 쓰는 농업'이라는 문구에 완전히 매료되어 정신없이 책을 읽었다. 그 과정에서 농약이 없으면 병이나 벌레로부터 사과를 지켜낼 수 없다는 기존의 상식에 의문이 생겼다.

기무라는《자연농법》에 적힌 대로 농약과 비료를 사용하지 않고 사과 농사를 시도했다. 그러자 품종 개량으로 병충해에 약했던 사과나무에는 벌레가 대량으로 발생하고 잎은 병들어 떨어졌다. 게다가 제철도 아닌데 사과나무는 미친 듯이 꽃망울을 터뜨렸다.

농약을 쓰는 일반 농사법을 하는 주변 밭의 사과는 순조롭게 열매를 맺었지만, 기무라의 밭만 엉망이었다. 거듭 사과 농사를 망친 그는 급기야 파산 위기에 직면하게 되었다. 가난이라는 막다른 골목으로 내몰린 그는 자살을 결심하고 무작정 산으로 올랐다. 그런데 죽기 위해 올랐던 그곳에서 우연히 사과나무라고 착각할 정도로 탐스러운 열매를 맺은 도토리나무를 발견하고는 깜짝 놀랐다. 농약이나 비료를 쓰지 않았는데도 나뭇잎들은 우거져 있었던 것이다. 그는 그 비밀이 나무가 뿌리를 내린 흙에 있다는 것을 깨달았다.

그는 정신없이 산을 내려와 사과밭의 흙을 관찰했다. 그리고 그는 산속의 환경처럼 사과밭에 잡초가 무성히 자라도록 내버려두었다. 그러자 몇 년 후 흙은 본래의 생명력을 회복하기 시작해 9년 만에 결실을 맺었다.

그의 사연이 2006년 12월 7일, NHK에 소개되면서 그는 스타 농부가 되었다. 방송이 나간 다음 날 기무라 씨의 집으로 하루 동안 350건의 주문이 폭주했고, 온라인 판매 개시 3분 만에 품절되기도 했다. 이후 기무라 씨의 개인 거래 고객만 2,700여 명이 넘는다고 한다.

주위를 둘러보면 자신의 현 위치에 불만인 사람들이 많다. 그들의 과거를 살펴보면 공통점이 있다. 자신의 역량을 한 가지 일에 집중하기보다 여러 가지에 분산했다는 것이다. 하지만 성공한 사람들은 반대다. 그들은 한 가지 일에 화력을 집중한다. 때로 시련과 역경을 만나더라도 집중된 화력으로 능히 극복한다. 그리고 결국 성공을 실현하게 된다.

성공자들은 성공에 대해 절박한 마음을 가졌던 사람들이다. 한 가지 일에 전부를 쏟은 그들은 보통 사람이 겪는 것과는 비교도 안 될 정도의 실패를 경험해야 했다. 무엇보다 가장 괴로웠던 것은 그 실패로 인해 자칫하다가는 자신은 물론 가족까지 벼랑 아래로 떨어질 처지에 몰린 것이었다. 그들은 절실함을 넘어 절박했다. 그 절박함 속에서 노력과 열정, 끈기가 생겼고 계속 도전한 끝에 결국 성공할 수 있었다.

얼마 전 중소기업을 운영하는 경영자 몇 분과 점심을 함께할 기회가 있었다. 그때 했던 한 경영자의 말이 잊히지 않는다.

"'절박한 마음 없이는 성공할 수 없다'. 이것이 제가 40년 동안 살면서 깨우친 저의 인생철학입니다. 절박한 마음이 없다면 아무리 노력을 해도 목표하는 바를 이룰 수 없습니다. 절박함이 없다는 것은 해도 그만, 안 해도 그만이라는 말과 같습니다. 절박함이 있어야 노력과 열정이 생겨나게 마련입니다."

그렇다. 절박함 없이는 절대 성공할 수 없다. 사실 많은 사람들이 지금 현실에 불만을 가지면서도 더 나은 삶을 살기 위해 노력하지 않는다.

온갖 변명을 대가면서 덜 중요한 일에 시간과 에너지를 허비한다. 그 이유는 절박하지 않기 때문이다.

월드스타 비는 한 인터뷰에서 마지막 오디션을 이렇게 회상했다.

"당시 나는 벼랑 끝에 서 있었고, 더 이상 밀려날 곳이 없었다. 어머니의 병원비는 밀렸는데 차비조차 없고, 돌봐줘야 할 여동생까지 있었기 때문에 무엇이든 하지 않으면 안 되는 상황이었다. 만약 내가 쥐였다면 내 앞을 막아선 고양이를 물고서라도 뛰쳐나가야만 하는 도무지 숨을 데도 피할 데도 없는 상황이었다. 여기서 떨어진다면 더 이상 갈 곳이 없는 절박감에, 오디션을 보는데 한 번도 쉬지 않고 총 5시간을 내리 춤췄다. 그렇게 해서 오디션에 합격했다."

비는 그동안 열여덟 번이나 오디션을 봤지만 떨어졌다. 그러나 그는 '이게 아니면 죽을 것 같은 절박감에 포기하지 않았고 결국 오디션에 합격했다.

삼성전자 이건희 회장은 1987년 12월, 회장에 취임했을 때 기쁜 마음보다 착잡한 마음이 앞섰다. 부회장이 된 1979년부터 경영일선에 부분적으로 관여해왔지만 당시는 지금처럼 막막하지는 않았다. 선친 이병철 회장이라는 든든한 울타리가 있었기 때문이다.

이건희는 삼성을 세계적인 기업으로 도약시키기 위해 사소한 것까지 일일이 챙기며 분투했다. 하지만 정작 일선에 있는 임직원들은 제대로 따라주지 않았다. 그대로 가다가는 삼성호는 바닷속으로 침몰할 것임을 누구보다 잘 알고 있었다. 그는 당시 삼성이 앓고 있는 병을 다음과 같이 진단했다.

"전자는 암에 걸렸고 중공업은 영양실조다. 건설은 영양실조에 당뇨까지, 종합화학은 선천성 기형이요, 물산은 전자와 종합화학을 나눈 정도의 병이다."

회장직에 취임한 그는 삼성을 수술하기 위해 제2창업을 선언했다. 임직원들에게 '변화와 개혁'을 강조했지만 삼성 내부에는 그 어떤 긴장감이 없었다. 여전히 삼성맨들은 '내가 최고다'라는 착각에 빠져 있었던 것이다. 그러나 이건희는 누구보다 절박했다. 그는 저서 《이건희 에세이》에서 당시 심정을 이렇게 적고 있다.

1992년 여름부터 겨울까지 나는 불면증에 시달렸다. 이대로 가다가는 사업 1~2개를 잃는 것이 아니라 삼성 전체가 사그라들 것 같은 절박한 심정이었다. 그때는 하루 4시간 넘게 자본 적이 없다. 불고기를 3인분은 먹어야 직성이 풀리는 대식가인 내가 식욕이 떨어져서 하루 한 끼를 간신히 먹을 정도였다. 그해에 체중이 10kg 이상 줄었다.

이건희는 마치 죽음을 앞둔 사형수처럼 절박했다. 어떻게든 삼성을 위기에서 구해야 한다는 일념뿐이었다. 삼성을 변화시키기 위해 지푸라기라도 잡고 싶었다. 그리고 마침내 그는 중병에 걸린 삼성을 살리기 위해 메스를 들었다. "마누라와 자식 빼고 다 바꾸자"라며 고강도의 의식 개혁을 강조한 것이다. 그 발언 이후 삼성의 신경영이 시작되었다. 그리고 결국 삼류에 불과했던 삼성은 세계적인 기업으로 거듭나는 데 성공했다.

당시 이건희가 얼마나 절박했는지 알게 해주는 일화가 있다. 1992년, 이건희는 이학수 비서실 차장 등과 함께 LA 출장을 간 적이 있었다. 그때 출장팀에게 하루 휴가를 주고는 자신은 어디론가 사라졌다. 그날 저녁 출장팀이 호텔에 돌아와 보니 이건희는 자신의 방에서 전자부품들을 분해하고 있었다. 자세히 보니 당시 가장 많이 팔리는 외제 명품 VTR이었다. 이건희는 출장팀에게 일부러 휴가를 준 후 가전제품 매장에서 외제 VTR을 구입해 그 내부를 뜯어보면서 구조와 원리를 이해하고 있었던 것이다. 이건희는 세계 최고가 아니면 결코 살아남을 수 없다는 것을 누구보다 잘 알고 있었다. 그래서 그는 삼성그룹 회장임에도 불구하고 직접 외제 전자제품들을 일일이 뜯어보며 연구했던 것이다.

대부분의 성공자들은 초라하고 힘든 과정을 거쳐 지금의 자리에 올랐다. 성공을 향해 나아가는 과정에서 그들은 온갖 쓴맛을 다 봐야 했지만 견뎌낼 수 있었다. '못 팔면 죽는다', '해내지 못하면 죽는다' 하는 절실함, 절박함이 있었기 때문이다. 그 절박함이 그들을 앞으로 나아가게끔 채찍질했고 마침내 목적지에 도달할 수 있었다.

포장마차를 프랜차이즈화에 성공한 해산물주점 '버들골이야기'의 문준용 대표. 그의 성공에서도 절박함을 빼놓을 수 없다. 그는 과거에 2천만 원으로 작은 포장마차를 열어 프랜차이즈로 성공한 케이스로 꼽힌다.

그는 마지막이라는 절박함으로 1999년 포장마차를 시작했다. 매장 부엌에는 '밀리면 죽는다'는 문구까지 써붙여놓고 성공을 향한 집념을 불태웠다. 사실 당시 그는 포장마차가 망한다면 죽는 일 말고는 선택할 수 있는 대안이 없었다. 그처럼 절박했기에 그는 자신의 모든 것을 포장마차 사업에 쏟아부었다. 그의 지독한 집념과 서비스 마인드는 결국 버들골이야기를 프랜차이즈화 시키는 데 성공했다.

명태요리전문점 '바람부리명태찜'의 김정호 대표, 그 역시 버들골이야기의 문준용 대표와 마찬가지로 절박한 상황에서 사업을 시작했다. 과거의 그는 거듭된 사업실패로 모든 재산을 잃고 신용불량자로 전락했다. 가족의 생계를 위해 무슨 일이라도 해야겠다는 생각에 선택한 것은 명태요리전문점 창업이었다. 그는 맛으로는 성공할 수 있다는 자신감이 있었지만, 문제는 자금이었다. 정부나 금융권 지원을 받을 수도 없던 상황에서 그가 선택한 것은 일수였다.

그는 일수 2천만 원을 빌려 바람부리명태찜을 차렸다. 그가 식당을 차린 건 먹고살기 위한 절박한 상황 때문이었다. 그는 음식은 맛이라는 생각에 오로지 맛 개발에 몰두했다. 서서히 고객들의 입소문이 퍼지면서 맛집으로 인정받아 매출이 오르기 시작했고, 창업 3년 만에 빚을 다

청산했는가 하면 프랜차이즈로 급성장할 수 있었다.

절박한 심정으로 매달리면 반드시 성공하게 되어 있다. 성공하지 못하는 것은 절박함이 없기 때문이다. '성공 못하면 어때!'라는 식으로는 절대 성공하지 못한다.

그동안 나는 수많은 성공자들과의 인터뷰와 수천 권의 성공 스토리 관련 책을 통해 성공에 관한 한 가지 중요한 사실을 깨달았다. 바로 '절박함의 크기에 비례해 성공의 크기가 결정된다'는 것이다.

지금 당신이 눈부신 성공을 꿈꾸고 있다면 이런 충고를 해주고 싶다.

"그 성공의 크기만큼 절박해져라. 때로 벼랑 끝으로 자신을 내몰아라. 그 절박함이 당신을 성공으로 이끌 것이다."

지독하게 매달려라

박정희를 떠올리면 작은 체구와 과감한 결단력, 강한 카리스마가 떠오른다. 여기에다 한 가지 더, 한번 매달리면 놓지 않는 강한 집념도 빼놓을 수 없다. 그동안 박정희가 이룩한 성과들 중에 한두 번 만에 성공한 것은 거의 없다. 대부분이 여러 번 시행착오 또는 실패를 겪은 뒤에 실현된 것들이다. 그만큼 그는 한 가지 일에 지독하게 매달렸다는 뜻이다.

직업의 고하, 분야를 막론하고 자기 분야에서 최고가 되기 위해선 강한 집념이 필요하다. 지독하게 매달리는 무서움 없이는 절대 성과를 발휘할 수도, 독보적인 존재가 될 수도 없다. 99도씨의 물이 끓기 위해선 1도씨의 온도가 필요하듯이 성공 역시 지독한 집념에서 나오는 1도씨의 열정이 필요한 법이다.

흔히 사람들은 박정희를 '대통령 박정희'라고 일컫기보다 '인간 박정희'라고 말한다. 이는 그가 권위를 내세우기보다는 소탈하고, 자신이 목표한 바를 끝까지 달성하려는 의지에서 인간적인 면을 느끼기 때문이다. 박정희의 강한 집념은 고교야구에서의 시구 때도 빛을 발했다. 과거 '꿈의 제전'으로 불리던 고등학교 야구의 한 장면으로 돌아가보자.

1967년 4월, 제1회 대통령배 고교야구대회가 동대문구장에서 열렸다. 이날 박정희가 개막전에 직접 시구하기 위해 그라운드로 나섰다. 양복 윗도리를 벗고 조끼에 모자를 쓴 차림으로 투수 마운드에 나온 그에게 좌석을 가득 메운 관중들의 요란한 박수와 함성이 쏟아졌다.

박정희는 관중들을 한 번 바라본 후 투수 폼으로 공을 던졌다. 관중들의 눈길은 공이 꽂히는 포수의 글러브에 집중되었다. 공은 스트라이크 존을 훨씬 벗어났지만 타자는 관례대로 헛스윙을 했고 구심은 스트라이크를 선언했다.

그러자 자신의 성에 차지 않았는지 박정희는 마운드를 내려가지 않고 공을 다시 던지겠다고 말했다. 하지만 시구에서 그런 일은 없다. 그는 자신의 고집대로 한 번 더 시구를 했고, 마침내 공은 스트라이크 존 한복판을 정확히 갈랐다. "스트라이크!"를 외치는 구심의 힘찬 외침과 함께 관중들의 박수와 함성이 터졌다. 박정희는 스트라이크를 확인하고는 엄지손가락을 세워 만족한다는 뜻의 제스처를 취했다.

박정희는 당차고 집념이 강하다. 그는 그저 관중들에게 얼굴이나 보여주기 위해 형식적으로 던지는 연기를 용납하지 못하는 사람이었다.

그래서 어떤 일이든 자신이 만족할 정도가 되어야 멈췄다. 그러지 않고선 될 때까지 몇 번이고 시도했다. 그래서 그가 추진했던 일 가운데 실현하지 못하고 그냥 포기했던 일은 아마 핵무기 개발밖에 없을 것이다. 핵무기 역시 그가 서거하지 않았다면 미국의 감시를 피해 개발이 이루어졌을지 모른다.

박정희는 1970년대 중화학공업의 성공을 위해 가장 중요한 핵심 사업인 조선소 건설에 역점을 두었다. 그러나 조선소 건설은 강한 의지만으로 건설할 수 있는 사안이 아니다. 당시 우리나라는 자본도, 기술도 없는 실정이었다. 그때 그는 현대건설 정주영 사장에게 조선소 건설을 맡겼다. 그러나 정주영이 외국에 나가 돈을 빌리려 해도 돈을 빌려주는 곳이 아무 데도 없자, 귀국한 뒤 정주영은 박정희에게 조선소 건설을 포기해야겠다고 머리를 숙이며 말했다. 그는 절대 쉽게 물러날 사람이 아니다. 그는 정주영의 얼굴을 노려보더니 말했다.

"국가가 절실히 원하고 한 나라의 대통령이 그토록 염원하는 사업인데, 이렇게 쉽게 못 하겠다는 말씀이 나오시오? 대통령이 자존심을 걸고 추진하는데 기업이 무시한다는 것은 국가를 경시하는 것이오. 지금 내 앞에 앉아 있는 사람이 반대를 무릅쓰고 뜨거운 태양 아래서 고속도로를 건설한 정주영 사장이 맞소?"

박정희의 일침에 정주영은 그 자리에 얼어붙고 말았다. 박정희는 때로 상대가 한 발 뒤로 빼려고 하면 자존심을 건드려서라도 끌고 간다. 결국 정주영은 조선소를 건설할 때까지 결코 포기하지 않을 것이라는 박정희의 강한 집념을 깨닫게 된다. 그리고 그는 자신의 뼈가 부서지는 한이 있어도 반드시 조선소를 건설하겠다고 결심했다.

앞서 소개했듯이 고군분투한 끝에 정주영은 버클레이은행에서 차관 승인을 받을 수 있었다. 하지만 또 다른 어려움이 있었다. 수출입은행에서 또 승인을 받아야한다는 것이었다. 다시 시련에 처한 정주영은 박정희를 만나게 되었다. 그때 박정희는 지난번과는 달리 부드러운 어조로 말했다.

"정 사장, 무슨 이야기를 하려는지 알고 있어요. 내 자신을 던지고 대의를 선택하면 자신을 따르는 우군이 생깁니다. 길이 있습니다. 내일 당장 영국으로 가주시오."

정주영은 박정희의 부드러운 어조 속에 숨어 있는 강한 집념을 또다시 엿볼 수 있었다. 그는 일국의 대통령이 자존심을 버리고 부탁하는데 이대로 포기할 수 없다며 다시 런던으로 날아갔다. 그리고 버클레이은행장에게 거북선이 그려져 있는 500원짜리 지폐를 보이며 조선소 건설에 필요한 돈을 빌릴 수 있었다. 그렇게 해서 정주영은 4,300만 달러를 차관해 한국으로 돌아왔다. 그는 차관을 받아내는 데 성공했다는 보고를 하기 위해 곧장 박정희를 찾아갔다. 정주영이 들뜬 목소리로 말했다.

"각하, 차관 제공에 완전 합의를 봤습니다. 당장 일거리로 배 2척의 주문도 받아왔습니다."

그러자 박정희는 어린아이처럼 기뻐했다. 그러더니 그는 탁자 서랍에서 현대건설이 제출한 사업계획서를 꺼내는 것이었다. 그 내용을 조목 조목 짚어가며 논의를 하려고 하자 정주영은 아연실색하고 말았다. 그 사업계획서는 2년 전에 제출한 것이었기 때문이다. 정주영은 자신은 까맣게 잊고 있던 것을 박정희가 서랍 속에 간직하고 있다가 즉시 꺼내들자 그의 치밀함에 바짝 긴장이 되었다. 바짝 얼어 있는 정주영에게 박정희가 말했다.

"보증은 부자지간도 안 서는 거라고 하는데 그걸 정부가 나서서 서줄 때는 얼마나 많은 검토를 했겠어요. 국민소득 250달러 언저리밖에 안 된 시절에 정부가 보증을 안 하면 외국에서 차관을 절대 안 주고, 그렇게 하지 않으면 아무것도 이룰 수 없던 시절인데 어떡할 거요? 앉아서 굶어 죽어?"

박정희의 말에 고무된 정주영은 조선소 건설에 강한 의지를 불태웠고, 그토록 염원하던 조선소를 성공적으로 건설할 수 있었다.

미국의 억만장자 로스 페로(Ross Perot)는 자신의 성공 비결을 이렇게 말했다.

"대부분의 사람이 성공할 수 없는 가장 큰 이유는 '할 수 있는 모든 것'을 하지 않기 때문이다. 바보가 되어 할 수 있는 모든 일을 끊임없이 하지 않으면 성공은 절대 불가능하다. 아무리 기다려도 아무런 일도 일어나지 않는다. 또 모든 가능성을 시도해보지 않으면 어떤 것이 성공의 씨앗이 될지도 알 수 없다. 나는 그렇게 해서 2개의 회사를 단기간에 상장시키고 대기업으로 만들 수 있었다. 만일 할 수 있는 모든 일을 해보지 않았다면 성공할 수 없었을 것이라 확신한다."

그렇다. 대부분의 사람들이 눈부신 삶을 살기보다 초라한 삶을 사는 것은 할 수 있는 모든 것을 하지 않기 때문이다. 계획했던 일이 한두 번 실행으로 실현되는 일은 잘 없다. 세 번, 네 번, 그 이상 실패를 거듭하면서 다양한 방법을 시도하게 되고 마침내 성취하게 된다.

자신의 분야에서 일가를 이룬 사람들을 살펴보라. 그들은 자신의 일에 무서우리만치 집요하게 매달린다. 때로 그들은 스스로를 절박한 상황으로 내몰아 어떻게든 성공시킨다. 쉽게 단념하는 사람도 있는데, 이는 그 목표가 그만큼 절실하지 않기 때문이다. 목표를 이루지 않아도 그런대로 견딜 만하기 때문에 전부를 쏟지 않는 것이다.

세계를 놀라게 한 광고쟁이 이제석의 저서 《광고천재 이제석》을 감명 깊게 읽었다. 과거 그는 자신이 다닌 대학의 과 수석 졸업자이면서도 지방대 출신이란 이유로 늘 고배를 마셔야 했다. 그는 꿈 많고 뜨거운 열정의 소유자였지만 인생이 순탄치만은 않았다. 시각디자인학과에서 4.5 만점에 4.47이란 경이적인 평점으로 대학을 졸업하고도 불러주는 기업 하나 없었기 때문이다. 그동안 이력서를 넣은 곳만 수십 군데인데, 모두 떨어지고 말았다.

그는 흔히 말하는 대한민국 사회에서 루저였다. 대학 생활 내내 공모전에 도전했지만 작은 상 한 번 탄 일이 없다. 그럴 때마다 그는 스스로에게 '지방대생이기 때문일까?', '나에게 재능이 없기 때문일까?'라는 물음을 던졌다. 그럴수록 좌절감은 깊어졌다.

그는 학벌도 수상 경력도 없는 데다 남들처럼 잘나가는 스펙마저 갖추지 못해 취업도 제대로 이루어지지 않았다. 결국 대학 졸업 후 동네 간판집을 하며 생계를 유지해야 했다. 대학에서 과 수석으로 졸업한 그가 간판집을 하자 남들은 비웃었지만 그는 자신의 삶에 만족감을 느꼈다. 자신이 만든 간판으로 동네의 디자인을 조금씩 바꾸는 것에 행복했기 때문이다.

그러던 어느 날 그를 화나게 만든 일이 일어났다. 한 아저씨가 광고에 대한 그의 자부심을 막말로 뭉개버린 것이었다. 그날도 이제석은 단골 국밥집에서 간판 영업을 하고 있었다.

"간판 한번 바꿔 보는 게 어떻겠습니까? 장사가 더 잘될 텐데요."

그는 대구에서 꽤 유명한 갈비집 간판을 만든 이력까지 내세우며 번듯한 기획서까지 보여주던 참이었다. 그때 옆에서 국밥을 먹던 동네 전단지 명함집 아저씨가 한마디 툭 던지며 끼어들었다.

"그래 큰돈 들일 필요 있나? 10만 원이면 떡을 칠 긴데."

명함집 아저씨 말에 국밥집 주인도 솔깃하는 눈치였다. 이제석은 자존심이 깡그리 무너졌다. 자존심이 상한 그는 며칠 동안 고민했다. 그는 어느 디자이너는 선 하나 그려도 억대 돈을 받고, 자신은 밤낮으로 일해도 30만 원도 간신히 버는 대한민국이라는 사회에 대한 분노가 치밀었다.

시간이 지나면서 그의 분노는 도전으로 바뀌었다. 그는 고민 끝에 미국 유학을 떠나기로 결심했다. 스펙만을 바라는 대한민국 사회에서 결코 성공할 수 없다는 판단에서였다. 가진 돈이 넉넉하지 않은 탓에 허기를 달래기 위해 무료 급식소를 찾아다녔다. 그는 하루를 핫도그 2개로 연명했다. 어느 날 급식소의 자원봉사자가 그에게 말을 걸었다.

"넌, 제대로 된 인간 같은데 이런 곳에 왜 왔냐?"

그는 순간 수치심에 얼굴을 들 수 없었다. 그날 이후 더 이상 무료 급식소에 갈 수가 없었다. 배고픈 것보다는 부끄러운 게 더 싫었기 때문이었다.

아무것도 없이 떠난 유학 생활은 만만하지 않았다. 쥐와 좀벌레가 들끓는 방에서 생활해야 했는가 하면 굶는 날도 많았다. 그러나 아무리 힘들어도 자신의 꿈을 이루기 전까지는 한국에 돌아가지 않겠다고 다짐했다. 그는 온갖 시련 속에서도 꿈을 향해 공부를 계속하며 앞으로 나아갔다.

그러자 놀라운 일이 일어났다. 한국에서 '루저'의 삶과는 전혀 다른 새로운 삶이 시작된 것이다. 한국에서는 지방대라고 무시당하고 취업도 못했던 그가 세계적인 광고제를 휩쓸고 다니는 '기적'의 주인공이 된 것이다. 공장의 굴뚝을 권총으로 형상화해, 오염의 심각성을 지적한 '굴뚝총'으로 자신의 재능을 드러내기 시작하더니 온갖 기발한 아이디어로 세계 광고계를 열광시켰다.

1년 동안 미군 부대를 들락거리며 영어를 익혀 2006년 9월, 뉴욕 스

쿨오브비주얼아트(SVA)에 편입했다. 6개월 뒤부터 세계적인 광고 공모
전에서 메달 사냥을 시작해, 세계 3대 광고제의 하나인 원쇼 페스티벌
에서 최우수상 수상을 시작으로 광고계의 오스카상이라는 클리오 어워
드에서 동상, 미국 광고협회의 애디 어워드에서 금상 2개 등 1년 동안
국제적인 광고 공모전에서 29개의 메달을 땄다.

공모전 싹쓸이는 1947년 SVA 개교 이래 처음, 광고계에서도 전례가
없는 일이다. SAV에서 지독하게 편애를 받는 건 물론, 뉴욕의 내로라하
는 광고회사의 러브콜을 받았다. 그를 괄시했던 대한민국 사회는 그제
야 이제석을 데려오기 위해 혈안이 되었다.

이제석의 인생 역정을 통해 아무리 척박한 환경 속에서도 포기하지
않으면 꿈을 이룰 수 있다는 것을 알 수 있다. 그가 만일 대한민국 사회
가 인정해주지 않는 것에 대해 분노를 터트리며 원망만 했다면 그의 인
생은 기적이 되지 못했을 것이다. 지금도 여전히 무시당하는 동네 간판
집이나 운영하고 있을지 모른다. 그러나 그는 불과 몇 년 전과는 판이하
게 달라졌다. 자신의 성공담을 담은 책을 출간했는가 하면, 2010년 6월
대통령직속 미래기획위원회에 스물여덟 살로 역대 최연소 미래기획위
원으로 위촉되는 기쁨도 안았다.

맥도널드의 창업자 레이 크록(Ray Kroc)은 가난한 집안에서 태어나 구
급차 운전과 나이트클럽 피아니스트까지 안 해본 일이 없을 정도로 힘
든 시기를 보내야 했다. 그럼에도 그가 성공할 수 있었던 것은 성공하기
위해 지독하게 노력했기 때문이다.

늘 인맥수첩을 가지고 다닌 그는 지독한 메모광이었다. 어린 시절부터 온갖 고생을 통해 결국 '영업=사람'이라는 것을 깨달았다. 그래서 그는 인맥수첩에 자신이 그날 만난 사람들의 옷차림, 선호하는 음식이나 음악, 습관 등을 기록했다. 그런 세심한 노력으로 오랜만에 사람들을 만나더라도 그때 기록해두었던 인맥수첩을 참고해서 대화를 나누었기 때문에 사람들로부터 호감을 살 수 있었다. 또한 그는 회사의 집무실에 미국 제29대 부통령과 30대 대통령을 지낸 캘빈 쿨리지(Calvin Coolidge)의 명언을 적은 액자를 걸어놓았다.

"세상에 인내 없이 이룰 수 있는 일은 아무것도 없다. 재능으로는 안 된다. 위대한 재능을 가지고도 성공하지 못한 사람은 많다. 천재성으로도 안 된다. 성공하지 못한 천재는 웃음거리만 될 뿐이다. 교육으로도 안 된다. 세상은 교육받은 낙오자로 넘치고 있다. 오직 인내와 결단력만이 무엇이든 이룰 수 있다."

절대 포기하지 마라. 꿈은 반드시 실현된다. 세상이 자신의 재능을 알아주지 않는다고 분노하지도, 원망하지도 마라. 그 대신 당신의 심장을 쿵쿵 뛰게 하는 일에 절박한 마음으로 매달려보라.

CHAPTER Five

내 삶이
누군가의
희망이 되게 하라

비전을 가진
샐러던트가 되어라

나는 이 책을 쓰기 위해 박정희와 동시대를 살았던 사람들과의 인터뷰, 그리고 관련 책과 자료들을 살펴보면서 놀라운 사실을 알았다. 박정희가 대통령이라는 직무능력 향상을 위해 끊임없이 공부했다는 것이었다. 처음에는 나 역시 박정희가 군인 출신 대통령이기 때문에 공부와는 담 쌓은 무식에 가까운 사람일 줄 알았다. 하지만 실상은 그렇지 않았다. 그는 한 가지 일을 진행하기 전에 철저하게 그 일에 대해 공부했다. 때로는 전문가를 불러 조언을 구하기도 했다.

박정희는 군사혁명 때 '민생고를 시급히 해결하고 국가 자주 경제의 재건에 총력을 경주한다'는 혁명공약을 선언했다. 그는 자신이 선언한 혁명공약을 지키기 위해 최선을 다했다. 말로만 최선을 다한 것이 아니라 끊임없이 연구하고 공부했던 것이다.

그는 굶주림에 시달리는 국민들을 위해 대체식량, 영양공급원, 농촌

소득원을 늘리기 위해 누구보다 고심했다. 당시 인구의 약 40%를 차지하고 있던 농촌인구는 대부분 초가집에서 살고 있었다. 연탄을 실은 차가 들어올 수 없는 탓에 여전히 나무를 때고 있었다. 그는 자급자족이 안 되어 많은 양의 식량을 외국에서 수입하는 현실이 가슴 아팠다. 그래서 그는 항상 식량증진과 농가소득을 올릴 수 있는 대안 찾기에 골몰했다.

식량증진과 농가소득에 대해 고심하던 박정희는 유실수에 대해 깊은 관심을 가지기 시작했다. 1968년, 그는 대통령 하사 묘목으로 밤나무를 여러 마을에 보냈는가 하면 밤나무의 식량대체 효과를 강조했다. 그는 1972년 연두순시 때, 밤나무를 심을 것을 강조했는데, 다음 그의 말을 통해 밤나무에 대해 얼마나 공부하고 연구했는지 알 수 있다.

앞으로 약 10년 계획을 가령 1만 정보(면적 단위)에다 밤나무를 심었을 경우 5년 만에 밤을 따게 되는데 그 수익성은 대단히 크다고 본다. 밤은 1헥타르에서 20섬이 나온다고 하는데, 같은 면적의 논에서 생산되는 쌀의 소출과 맞먹는 양이 된다. 가령 밤을 10만 정도 심었을 경우 밤 한 섬을 4만 원으로 계산하면 1년에 약 800억 원 정도의 수익이 산에서, 그것도 지금까지 그냥 놀고 있는 산에서 나오게 된다. (중략) 밤이 대량 생산되면 대규모 밤 가공공장을 몇 군데 세워서 분말을 만들어 밀가루로 만드는 과자를 질 좋은 밤 과자로 대치할 수도 있고, 양식으로도 대용할 수 있어 식량자급에도 크게 기여할 것이며 필요하다면 수출도 가능할 것이다. 세계적으로 밤 생산국은 우리나라와 이탈리아 등 몇 군데 밖에 없고, 일본은 밤이 나지만 잘되지 않아 시장을 빼앗길 염려도 없다고 본다.

박정희는 밤나무에 대해 세세하게 사전 조사를 했다. 그의 말에서 아랫사람에게 밤나무의 유용성과 수익성에 대해 사전 조사를 지시하기보다 자신이 적극적으로 공부하고 연구했다는 것을 알 수 있다. 그가 유실수 가운데 유독 밤나무에 깊은 관심을 가진 것은 더 이상 국민들이 굶주리지 않게 하기 위해서였다. 김두영 전 청와대 비서관은 이렇게 증언한다.

하루는 박 대통령께서 일과를 끝내고 저녁식사를 함께하자고 하셨다. 식사 후 육 여사와 함께 짧은 영화를 보았는데, 그 내용이 〈밤나무 재배법〉, 〈고구마 온상재배법〉, 〈독도지기 경찰관〉, 〈광업소 사람들〉 등과 같은 다큐멘터리 영화였다. 특히 박 대통령은 밤나무에 대해 큰 관심을 보였으며, 메모를 하면서 밤나무 재배법을 공부하셨다.

박정희에 대해 제대로 아는 사람은 그가 진정한 자기계발의 대가라는 것을 알고 있다. 그는 책이나 관련 자료들로만 공부하지 않았다. 청와대 뜰에 재배 실습용으로 밤나무를 직접 심어 자신이 배운 지식을 활용했다. 그 과정에서 자신만의 효율적인 밤나무 재배법을 고안해내기도 했다. 1973년 9월 25일, 그는 2년 전 심은 밤나무에서 알밤 5개를 수확했다. 너무나 기쁜 나머지 그는 김현옥 내무부 장관에게 친필로 밤나무의 키가 약 2.5m 자랐다는 말과 4년생부터 밤을 수확할 수 있다고 적어서 보냈다. 뿐만 아니라 밤 세 알과 함께 물과 비료를 어떻게 주는지에 대한 자세한 지침까지 함께 동봉해서 보냈다. 당시 김 장관은 밤알을 알코올 병에 넣어두고 대통령의 메모는 표구해서 벽에 걸어두어 관계공무원들이 베껴가도록 했다.

1965년 포플러 나무를 안고 있는 박정희 대통령의 모습   출처 : 박정희 대통령 기념관

박정희의 공부는 밤나무에만 그치지 않았다. "마을 주변 계곡에는 이태리포플러나 현사시를 심어라. 산기슭에는 밤나무를 심고, 산 중턱에

는 잣나무를 심는 것이 좋다"는 그의 말을 통해 각 장소에 맞는 나무에 대해 훤히 꿰뚫고 있었다는 것을 알 수 있다. 그는 소나무에 대한 언급은 한마디도 없었는데, 그 이유는 각종 병해충에 잘 시달린다는 것을 이미 파악하고 있었기 때문이다.

박정희는 학교시절에도 성실한 학생이었지만 대통령 재임시절에도 책임과 의무를 다하기 위해 끊임없이 공부하는 대통령이었다. 그는 집무실 안에서나 밖에서나 해외에 나가서도 새로운 것을 받아들이는 데 많은 시간을 할애했다. 독일의 아우토반에 관심을 가진 일이나 콘덴서와 축전기에 대해 공부해 김학렬 부총리에게 그 둘의 차이점에 대해 가르쳐준 일화 등을 통해 그가 자기계발을 통해 신기술과 정보를 흡수했다는 것을 알 수 있다. 그는 또 1970년대 초, 머지않아 전자 시대가 도래한다는 말을 듣고 스스로 밤늦게까지 반도체에 관해 공부하기도 했다. 그는 자신이 모르는 것이 있으면 상대가 행정부서의 과장급이더라도 직접 불러다가 물어보고 배웠다.

박정희가 대통령이 되어서도 꾸준히 자기계발을 할 수 있었던 것은 어린 시절부터 몸에 밴 독서의 영향 때문이었다. 그는 보통학교 시절에 춘원 이광수가 쓴 《이순신》과 《나폴레옹》을 읽고 감명을 받았다. 그 후 박정희는 위인들의 전기에 매료되어 역사에 관심을 갖게 되었다. 이때의 역사에 대한 관심은 차츰 세상을 바라보는 시야를 넓혀주었다.

그는 죽을 때까지 책을 가까이했다고 전해진다. 주로 《삼국지》, 《플루타크 영웅전》, 《알렉산더 대왕 전기》, 《학봉전집》, 《이당 김은호》, 《난중

일기》, 《최수운 연구》, 《안중근 의사 자서전》, 《신채호 전집》, 《홍의장군 곽재우》, 《박은식 전서》 등의 책을 읽었다. 이 가운데 《삼국지》, 《플루타크 영웅전》, 《알렉산더 대왕 전기》는 여러 번 되풀이해서 읽을 정도로 가까이했다. 그는 시집과 수필류와 같은 감성적인 책들도 읽으며 사색을 하곤 했다. 종종 그는 육영수 여사를 위해 직접 시를 써주기도 했다.

박정희 대통령이 직접 스케치한 애완견 '방울'   출처 : 박정희 대통령 기념관

박정희의 예술적 감각이 탁월한 것으로 봐서 독서 외에도 미술과 음악에 관심이 많았던 것 같다. 그가 스케치하면 모두들 실물과 같다고

감탄할 정도로 그림을 잘 그렸다. 음악에도 일가견이 있었다. 풍금 연주는 기본이었고 특히 트럼펫을 부는 솜씨는 가히 일품이었다. 또한 웬만한 노래는 직접 작사 작곡을 할 정도로 실력이 뛰어났다. 그가 〈새마을 노래〉의 가사를 직접 쓴 것을 보면 그의 음악적 재능이 어느 정도인지 알 수 있다.

끊임없이 공부하고 연구하는 아버지를 둔 자식은 아버지를 닮게 마련이다. 박근혜 역시 공부와 자기계발에 있어서는 박정희의 피를 그대로 물려받았다. 박근혜는 육영수 여사 서거 이후 퍼스트 레이디 대리 역할을 맡으면서 청와대 시절 굵직한 행사들에 참석하게 되었다. 그때 그녀는 차근차근 외교 훈련을 쌓아갔는데, 그 과정에서 세계를 돌아다니면서 다양한 외국어 능력의 필요성을 깨달았다. 그 깨달음은 본격적인 영어 공부로 이어졌다. 버스를 타고 이동하거나 방 청소할 때, 뜨개질을 하거나 양치질을 할 때도 새로운 단어가 포함된 문장을 암기하거나 테이프를 들으며 영어 공부를 했다. 그녀는 어니스트 헤밍웨이(Ernest Hemingway), 윌리엄 셰익스피어(William Shakespeare) 등의 작가와 《탈무드》 등의 유명한 작품들을 원작으로 읽을 정도가 되어서야 비로소 만족했다. 어느 정도 영어에 자신감이 붙자 프랑스어와 스페인어 공부까지 매달렸다. 그런 노력 덕분에 그녀는 영어, 불어, 스페인어, 중국어 등 4개 국어를 유창하게 할 수 있게 되었다. 박근혜는 자신이 외국어 공부에 매달리게 된 이유에 대해 이렇게 말한다.

"다른 나라 언어를 익힌다는 것은 그만큼 내가 만날 수 있는 세상이

넓어진다는 의미다."

그렇다. 아는 만큼 보이고, 보이는 것만큼 상상하게 되고, 상상하는 것만큼 이루게 된다. 그래서 성공자들이 끊임없이 자기계발을 하는 것이다. 더 큰 자극을 받아 더 큰 성공을 이루기 위해서다.

한국전쟁 후 폐허에 가까웠던 우리 경제가 그토록 짧은 시간에 지금처럼 눈부시게 발전할 수 있었던 것은 대한민국이라는 기업의 CEO였던 박정희의 자기계발 덕분이라고 해도 과언이 아니다. 그가 경제 발전을 위해 지독하게 공부에 매달리지 않았다면 경제개발은 한참 뒤처졌을지 모른다. 외국의 저명한 학자들도 나와 비슷한 생각을 가지고 있는 듯하다. 새뮤얼 헌팅턴(Samuel Huntington)은 저서 《문명의 충돌》에서 다음과 같이 말했다.

1960년대 초 한국과 아프리카 가나의 1인당 국민소득이 같았는데 1990년대 초에 이르러 한국인의 국민소득이 가나의 그것보다 15배나 늘어나게 되었다. 그 이유는 무엇일까? 그것은 한국이 가나와 다른 문화를 가졌기 때문일 것이다. 그렇다면 한국은 무슨 문화를 가졌기에 그토록 기적을 창출할 수 있었단 말인가! 나는 다른 어떤 요인보다도 교육에 대한 아낌없는 투자가 한국의 기적을 만들어냈다고 생각한다.

현재 우리나라는 전쟁의 폐허 속에서도 세계역사에서 그 유래를 찾아볼 수 없는 경제 성장을 이루어내며 선진국 반열에 다가가고 있다. 자기계발, 즉 공부가 얼마나 중요한지 새삼 느끼게 한다. 그렇다면 자기계발을 직장인에게 적용한다면 어떨까? 자기계발을 통해 국가가 단기간에 눈부시게 발전하는 만큼 직장인 역시 괄목할 만한 성과를 발휘하게 될 것이다.

어떤 조직을 가더라도 최고의 성과를 내는 사람이 있다. 이런 사람은 남다르다. 명확한 비전이 있으며 자신의 강점과 약점에 대해 훤히 알고 있다. 그래서 자기계발의 고삐를 늦추지 않는다. 비전을 실현하고 강점은 더욱 강화시키고 약점은 보완하기 위해 끊임없이 자기계발을 한다.

물론 요즘은 예전에 비해 젊은 직장인들뿐만 아니라 모든 직장인들이 자기계발에 열정을 쏟고 있다. 서점에 가보면 자기계발서들이 베스트셀러 자리를 꿰차고 있다. 그러나 대다수 직장인들은 외국어 공부를 하거나 자신의 직무에 관련된 책을 읽는 등 자기계발을 하지만 기대했던 성과가 나오지 않는다. 자기계발에 대한 브레이크가 걸리게 된다.

직장인들에게 자기계발은 필수적이다. 직무능력 향상뿐 아니라 다양한 성공 요소를 배양할 수 있기 때문이다. 하지만 남들이 자기계발을 한다고 해서 무작정 따라 해선 안 된다. 자기계발에 앞서 먼저 '왜 자기계발을 해야 될까?', '기업을 위해서 필요한 것일까, 아니면 상사를 위해서일까, 아니면 나를 위해서일까?' 하고 자신에게 질문을 던져야 한다. 자기계발을 왜 해야 되는지 명확한 이유를 알아야 강한 동기부여가 된다. 자기계발을 하다가 중간에 브레이크가 걸리는 대다수의 사람들은 자기계발에 대한 동기부여가 약하기 때문이다.

30대 초반의 한 여성이 나에게 메일을 보내왔다. 그녀는 대학졸업까지 거의 한 번도 1등 자리를 놓쳐본 적이 없다고 했다. 졸업 후 그녀는 해외에서 세계 최고의 경영대학원을 수료하고, 세계 최고의 다국적 기업 본사에서 일하던 중에 국내 최고의 기업에 스카우트되어 한국에서 근무하게 되었다.

그러나 한국 기업은 자신이 꿈꾸던 조직과는 판이하게 달랐다. 결국 그녀는 3년 후 사직서를 제출했다. 그리고 곧장 다른 일자리를 찾기보다는 휴식이 필요하다는 생각에 장기간의 해외여행을 떠났다. 그리고 다시 새로운 일자리를 찾기 위해 나섰다. 그러나 어느 곳도 그녀에게 관대하지 않았다. 번번이 기업으로부터 서류 탈락, 면접 탈락의 고배를 마시면서 그동안 일류라고 여기면서 살아왔던 자존심에 상처를 입고 말았다. 그녀는 메일 마지막에 마치 자신이 삼류로 전락해버린 듯한 느낌을 떨쳐버릴 수가 없어 너무나 괴롭다고 토로했다.

이번에는 자기계발을 통해 원하는 일을 하게 된 케이스를 살펴보자. 한 후배는 입사 때 회계팀을 지원했다. 그런데 자신의 뜻과는 달리 영업팀으로 발령이 나고 말았다. 후배는 좌절하며 회사를 비난하기보다 회계팀으로 가겠다는 목표로 주말에 학원을 다녔다. 술자리도 1차에서 끝내고 자투리 시간에 공부해 회계 관련 자격증을 취득했다. 그리고 결국 3년 후 회계팀으로 부서를 옮길 수 있었다.

자신이 몸담고 있는 조직에서 성공하고자 한다면 자기계발은 필수다. 다소 오래된 조사이기는 하나 한 예를 들면, 2010년 대한상공회의

소와 인크루트가 직장인 635명을 대상으로 '재직근로자 자기계발 현황'을 조사한 결과, 직장인의 66.6%가 자기계발을 한 것으로 나타났다. 자기계발을 하는 목적으로는 '업무능력 향상'이 41.1%를 차지했고 '이직'(24.4%), '자기만족'(22.9%), '연봉인상'(6.2%), '은퇴준비'(2.8%), '승진'(2.6%) 등의 답변이 뒤를 이었다.

기업규모별 자기계발 참여율을 보면 대기업과 중견기업이 각각 79.8%로 나타났고, 중소기업은 61.5%로 상대적으로 낮았다. 자기계발에 참여한 기간은 대기업이 연간 5.1개월, 중견기업이 2.6개월, 중소기업이 4.5개월인 것으로 조사되었다. 전체 평균을 보면 1년에 약 4.6개월 동안 자기계발에 참여한 셈이다. 직장인 3명 중 2명이 직장을 다니면서 자기계발을 하는 '샐러턴트'라는 말이다. 그들이 쓰는 자기계발 연평균 비용은 119만 원가량이었다. 대다수는 자기계발 비용을 본인이 부담하는 것으로 나타났다.

비싼 돈을 들여가며 자기계발을 하는 이유는 한 가지로 귀결된다. 남보다 일찍 성공하기 위해서다. 그런데 누구는 자기계발에 성공하고 누구는 실패한다. 피 같은 돈만 허비하는 것이다. 왜 그럴까? 뚜렷한 비전이 없는 것이 가장 큰 문제다. 사람들이 방황하는 데는 각기 다른 원인과 이유가 있었다. 그러나 공통적인 문제점은 자신의 삶에 대한 뚜렷한 비전이 없는 경우가 대부분이었다. 설령 비전이 있어도 비전에 생명력이 없는 경우가 많았다. 따라서 자기계발을 하기 전에 먼저 자신의 비전을 명확하게 찾는 것이 중요하다. 비전 없이 하는 자기계발은 최종 목적지를 모른 채 무작정 떠나는 여행과 같다.

1978년, 스물여덟 살의 한 청년이 전남 곡성에 위치한 금호타이어 공장에 취직했다. 입사 면접시험 때, 그는 이렇게 말했다.

"제 꿈은 금호타이어 부장이 되는 것입니다."

그러자 한 면접관이 이렇게 대꾸했다.

"이봐, 고졸 출신은 기껏해야 '반장'밖에 못 올라가. 부장은 서울대 출신도 올라가기 힘든 자리야."

그는 그 후로 "안된다"고 말하는 사람들에게 18년 동안 이렇게 대답했다.

"저는 매일 부장학을 공부하고 있습니다. 제 꿈은 부장이 되는 것입니다. 저는 반드시 되고 말 것입니다."

청년은 그곳에서 하루 종일 등을 구부리고 앉아 타이어 고무를 붙이고 잘라내는 일을 했다. 일은 고되고 힘들었지만 요령 피우지 않고 최선을 다했다. 시간이 흐르면서 회사로부터 인정을 받아 부장의 자리에 오를 수 있었다. 그리고 마침내 1999년 12월 31일, 금호그룹 부장에서 상무이사로 초고속 승진하는 쾌거를 이루었다. 대한민국 30대 그룹 중, 고졸 생산직 근로자에서 출발해 부장 이상으로 승진한 사람은 그밖에 없다. 그가 바로 윤생진이다. 그는 조선대학교 교수로도 재직했다.

평생직장이라는 개념이 사라진 지 오래다. 그런데도 퇴근시간이 가까워지면 누구와 어디서 술 한잔 할지 고민하는 직장인들이 적지 않다.

이런 사람의 책상은 언제 치워질지 모른다. 평범한 가정에서 자란 평범한 능력의 당신이 기댈 것은 지독한 자기계발뿐이다. 자기계발을 통해 체질을 보다 강하게 만들어야 한다. 항상 준비가 되어 있는 상태를 유지해야 한다는 말이다. 기회는 준비된 자의 것이다.

한 나라의 대통령이었던 박정희도 치열하게 자기계발을 했다. 그는 배울 것이 있으면 상대의 지위 고하를 막론하고 배웠다. 대한민국이라는 기업을 발전시키기 위해서. 그런데 지금 불안한 시대를 살고 있는 한국의 많은 20대, 30대들은 어떤가?

지금 당장 자신이 자기계발을 하는 이유를 찾아라. 그 이유에서 자기계발에 대한 동기부여를 끌어내라. 그리고 가슴 뛰는 비전을 가진 '샐러던트'가 되어라.

닮고 싶은 사람을
벤치마킹하라

군인출신으로 프랑스를 일약 강대국으로 변모시킨 샤를 드골(Charles De Gaulle). 그는 프랑스에서 가장 존경받는 정치인으로 추앙받는 동시에 박정희의 롤 모델이기도 했다. 드골은 군의 힘으로 대통령의 자리에 올랐지만 강력한 리더십으로 '위대한 프랑스 건설', '영광된 프랑스 건설'을 국가 비전으로 제시하고 '독립, 자위, 명예, 국가 위신'을 국가 목표로 설정했다. 그는 비록 당시 프랑스의 암담한 현실에도 불구하고 국민들의 잠재력과 가능성을 믿었다.

"프랑스가 국제사회에서 평범한 나라로 취급받는 것은 훌륭한 국토에도 불구하고 프랑스 국민의 열등성 때문이다."

그는 눈부신 비전으로 국민들의 마음을 하나로 집중시켜 국가 목표를 하나하나 실현해나갔다. 그는 '자위'를 위한 독립은 능력 없이는 불가능하다고 판단했다. 그래서 미국과 소련의 반대를 무릅쓰고 핵 실험을 단행해 결국 핵을 보유함으로써 프랑스를 강대국의 반열에 올려놓았다.

드골은 1961년 1월 초, 프랑스 상원의 개혁과 회사 및 학교의 의사결정 과정에 있어 변화의 필요성을 강조했다. 이는 노동자와 학생을 의사결정 기구에 참여하게 하는 참여민주의의 확대로 이어졌다. 그때 그는 다음과 같이 자신의 거취 문제에 대한 소신을 밝혔다.

"이는 대통령인 나와 국민 간의 약속이며, 통치를 위임한 국민과 위임에 따라 통치하는 나의 관계가 국민투표의 부결로 나타날 때에는 약속을 철회한 국민의 뜻에 따라 물러나겠다."

국민투표는 예정대로 치러졌고 그 결과 찬성 47%, 반대 53%로 패배한 것으로 최종 집계되었다. 1969년 4월 27일 밤 12시 10분, 프랑스 AFP통신은 충격적인 성명을 긴급 타전했다.

"본인은 공화국 대통령으로서의 기능행사를 중지한다. 이 결정은 오늘 낮 12시부터 효력이 발생한다."

성명이 발표된 시각, 드골은 자신이 약속한 대로 작은 손가방 하나만 든 채 엘리제궁을 떠나 고향 콜롱베에 도착해 있었다. 그리하여 그는 국민들에게 커다란 감동을 안겨주었다.

그는 대통령을 사임한 후에도 대통령 연금 수령을 거절하고 조국을 위해 싸운 대가로 받는 준장의 군인 연금으로 검소하게 살았다. 사후 드골은 "외롭게 누워 있을 딸에게로 가겠다"고 유언한 대로 국립묘지가 아닌 고향 콜롱베 농촌마을 교회 뒤뜰의 딸 곁에 묻혔다. 묘비에는 '샤를 드골'이라고만 새겨져 있다.

박정희는 죽어서도 훌륭한 성품으로 세계인의 마음을 사로잡은 샤를 드골을 본받고자 노력했다. 그는 드골의 행적을 연구 분석하면서 벤치마킹했다. 사실 박정희의 인생 역정을 살펴보면 곳곳에서 드골의 강인한 리더십과 추진력, 소신 등의 색채가 두드러진다. 그 역시 자주 국방을 위해 미국이 모르게 핵무기 개발을 추진하고 있었는가 하면, 서거하기 전에 후임을 물색하고 있었다고 전해진다. 이 말은 그 역시 드골처럼 대통령 자리에서 물러나 자연인으로 돌아가겠다는 결심을 굳힌 것으로 생각해볼 수 있다.

나는 박정희가 가진 비전의 실행력과 강한 리더십, 근검절약 정신을 높이 사고 싶다. 그는 언행일치가 되는 지도자였다. 그는 앞에서 한 말을 뒤에서 뒤집는 그런 약삭빠른 지도자가 아니었다. 그가 대통령이던 시절, 청와대에서 사용하는 물건은 대부분이 국산품이었다. 박정희가 사용했던 일용품 가운데 외국에 다녀온 사람들에게서 선물로 받은 넥타이와 면도기, 만년필을 제외한 외투, 구두, 양복 등 자잘한 생활용품은 모두 국산품이었다. 무더운 여름에도 에어컨을 켜지 않고 부채질이나 선풍기로 대신했다. 겨울에도 난방기를 틀기보다 내의를 껴입는 것으로 에너지를 절감했다. 그는 국민들이 보릿고개로 힘들어하는 상황에서 대통령의 사치스러운 생활은 국민을 배신하는 일이라고 생각했다.

박근혜는 저서 《절망은 나를 단련시키고 희망은 나를 움직인다》에서 아버지 박정희와의 대화를 이렇게 회상하고 있다.

"앞으로 몇 년간 일천 불 소득을 목표로 뛰어야 한다. 백억 불 수출도 가능한 일이야. 외국에 나설 때마다 경호부터 시작해 수많은 사람이 함께 움직이는데 그 비용이 다 어디서 나오겠냐. 차라리 우리나라에 외국 귀빈을 초청해 나날이 발전하는 모습을 보여주는 게 훨씬 돈도 적게 들고 실리적인 일이 될 거야. 그들이 하루가 다르게 발전하는 우리나라를 보고 간다면, 전쟁국이며 못사는 후진국이라는 잘못된 시각을 바꾸는 데 도움이 되겠지."

박근혜의 회상을 통해 박정희가 얼마나 근검절약했는지 알 수 있다. 사실 그를 가까이에서 모셨던 측근들의 말에 의하면, 그는 자신에게 들어가는 비용 한 푼도 허투루 쓴 일이 없다고 한다. 심지어 외국 순방길에 나설 때마다 경호부터 시작해 수많은 사람이 움직이려면 많은 비용이 든다며 최소한의 인원만 움직이게 했을 정도였다.

박정희는 생전에 자신의 입으로 샤를 드골이 롤 모델이었다고 했을 정도로 그를 본받기 위해 노력했다. 그를 벤치마킹함으로써 강점은 강화시키고 약점은 보완했던 것이다. 그렇다면 그가 눈부신 성과를 창출할 수 있었던 것 역시 이런 노력의 일환이 아니었을까.

성공하고 싶다면 자신이 닮고 싶은 사람을 벤치마킹해야 한다. 닮고 싶은 사람은 이미 자신의 꿈을 이룬 사람이다. 이런 사람에게는 보통 사람들에게서는 엿볼 수 없는 특별함이 있다. 바로 꿈으로 향하는 가장 빠른 길을 알고 있다는 것이다. 무작정 맨땅에 헤딩하듯이 꿈을 향해 질주하기보다 그들에게 조언을 구하는 것이 시간과 에너지 낭비를 줄이는 현명한 방법이다.

제1차 포에니 전쟁 때 카르타고만에서 북동쪽으로 돌출해 있는 헤르마이움곶(지금의 봉곶) 앞바다에서 로마군과 카르타고군과의 네 번째 해전이 벌어졌다. 이 해전에서 로마군이 승리하게 된다. 카르타고는 114척이나 되는 군선이 침몰했다. 이 해전에서 승리한 로마군은 지중해 세계에서 최강의 해군국으로 꼽히던 카르타고를 능가하게 되었다.

그런데 문제는 병사들을 태운 로마 함대가 시칠리아 남해안까지 왔을 때 만난 태풍이었다. 그 일대는 바위나 돌이 많은 해안이 줄곧 이어져 있다. 근처에 피난할 항구도 없는 탓에 태풍을 만났을 때는 반드시 피해야 할 일이 해안선에 지나치게 접근하지 않는 것이다.

로마 함대의 키잡이들은 로마 연합에 속한 항구도시에서 온 선원들로 태풍 피해를 최소화시키는 요령을 알고 있었다. 그러나 바다에 익숙하지 않은 로마 장군들은 그들의 주장에 반대했다. 태풍에 두려움을 느낀 그들은 함대를 해안에 접근하라고 지시했다. 키잡이들이 배가 난파될지 모른다며 강력하게 반대했지만 장군들은 듣지 않았다. 오히려 배들이 뿔뿔이 흩어지지 않도록 한 무더기가 되어 접근하라는 명령을 내렸다. 230척으로 이루어진 로마 함대는 바람과 비와 거센 파도 때문에 잘 보이지도 않는 해안으로 접근했다.

그 결과 지중해 사상 최대라고 일컫는 해난사고가 일어났다. 안벽에 부딪치거나 배들끼리 충돌해 시라쿠사항까지 피난할 수 있었던 배는 230척 가운데 불과 80척뿐이었다. 당시 참사가 일어난 일대의 해변은 로마군 시체들로 가득했을 정도였다. 어처구니없는 해난사고로 로마는 6만 명의 병력 손실을 봤다. 그리하여 카르타고 함대와의 싸움에서는 이겼지만 무지한 탓에 태풍에 지고 말았던 것이다.

만일 로마군의 장군들이 항해 경험이 많은 키잡이들의 조언을 들었더라면 병력 손실을 최소화할 수 있었을지 모른다. 세계 최강 해군국인 카르타고군과의 해전에서 이겨놓고서도 절반이 훨씬 넘는 군인들이 바다에 수장된 것을 생각하면 정말 안타깝기 그지없다.

국가 간의 전쟁이나 개인의 꿈 실현 역시 전문가들의 조언을 구해야 한다. 시행착오를 줄이는 비결은 이것밖에 없기 때문이다. 그래서 많은 사람들이 자신이 닮고 싶은 사람이나 전문가들의 조언을 구해 시행착오를 최소화하라고 조언한다.

하루에도 몇 통씩 사람들로부터 조언을 구하는 메일이 온다. 책을 출간하는 비결을 알려달라는 사람도 있고, 어떻게 하면 꿈을 이룰 수 있는지 의견을 구하는 사람도 있다. 나는 그들이 나처럼 시행착오를 겪지 않고 좀 더 빨리 꿈을 이룰 수 있기를 바라는 마음에서 최대한 내 경험을 토대로 조언을 해준다.

사실 많은 사람들이 누군가에게 조언을 구하고 싶어도 선뜻 행동에 옮기지 못한다. 그 이유는 거절당할까 두렵기 때문이다. 그러나 이는 기우에 가깝다. 자신의 분야에서 성공한 대부분의 사람들은 조언을 구하는 사람들의 요청을 묵살하지 않는다. 오히려 기대했던 것 이상으로 친절하게 설명해준다. 못 믿겠다면 당장 내 말대로 자신이 롤 모델로 생각하는 사람에게 메일을 보내보라. 그 대신 내용을 정성껏 써야 한다. 왜 그런 꿈을 꾸게 되었는지, 지금 어떤 노력을 기울이고 있는지, 비교적 세세하게 적어야 한다. 당신이 조언을 구하고자 하는 상대도 사람이기에 건성으로 썼는지 척 보면 알 수 있기 때문이다. 건성으로 적어서 보내면 상대 역시 건성으로 쓴 답신을 보내거나 아니면 아예 묵묵부답이다.

삼성그룹 창업자 이병철 회장은 반도체 사업에 뛰어들기 전에 일본으로 건너가 유명한 경제 전문가인 이나바 슈조(稻葉秀三) 박사를 만났다. 그는 이나바 박사에게 고견을 구했다. 그러자 이나바 박사는 그에게 이렇게 조언했다.

"일본이 세계 전자제품 시장을 장악하고 있는 이유는 가볍고, 얇고, 작은 특성에 있습니다. 그 원천은 바로 반도체라고 할 수 있습니다."

"앞으로 일본 산업이 갈 길은 무엇입니까?"

이병철이 이렇게 묻자 이나바 박사는 답했다.

"앞으로 대세는 반도체입니다. 일본은 현재 반도체 분야에 온 힘을 기울이고 있는 실정입니다. 앞으로 일본이 세계 전자제품 시장을 제패할 수 있는 분야는 반도체와 같은 첨단산업이라고 할 수 있습니다."

이병철은 이나바 박사의 말을 들은 후 비로소 반도체 사업에 관심을 가지기 시작했다. 관심을 가질수록 반도체의 매력은 그 어떤 산업분야와도 비교가 되지 않았다. 그렇게 해서 삼성은 당시 리스크가 컸음에도 불구하고 반도체 사업에 과감하게 뛰어들 수 있었다.

일본에서 유일한 사장 전속 컨설턴트인 스기야마 히로미치(杉山 弘道)는 이렇게 말했다.

"불공평한 것을 불평할 시간에 지금 현실에 주력하는 것이 합리적이다. 원래 불공평한 것이 세상이라고 받아들인다면 마음 편히 지금의 일을 할 수 없다."

그렇다. 지금 자신의 처지를 불평하기보다 전문가들에게 조언을 구해 현 상황을 타개하기 위해 노력해야 한다. 성공자들은 절대 불평으로 허송세월하지 않았다. 그 시간에 자신의 꿈을 이룰 수 있는 길을 모색했다. 자신의 힘으로 안 되면 자신이 꿈꾸는 분야의 최고에게 조언을 구했다. 그렇게 꿈과 자신의 거리를 좁혀갔다.

미래는 진짜 공부하는 사람의 것이다. 진짜 공부란, 다양한 분야의 책을 읽고 자신이 꿈꾸는 분야의 성공한 사람들에게 배우는 것이다.

다음 두 가지를 꿈 실행에 적용해보길 바란다.

전문가를 만나라

자신이 꿈꾸고 있는 분야에서 성공한 사람들이 바로 전문가다. 그들이 쓴 책을 읽고 궁금한 사항을 메일을 통해 물어보라.

성공담이 적혀 있는 책을 읽어라

성공한 사람에게는 반드시 성공 비결이 있게 마련이다. 그들을 직접 만나거나 조언을 구할 수 없을 때 책을 통해 배워라.

성공은 꿈을 향한 끊임없는 실행의 반복이다. 수백 번, 수천 번 실행을 반복하는 가운데서 혹독하게 깨지면서 조금씩 방법을 깨달아간다. 따라서 실행의 반복이 뒷받침되지 않는다면 롤 모델의 현명한 조언도 효과를 발휘하지 못한다. 찰스 디킨스(Charles Dickens)가 말하는 자신의 성공 비결을 기억하라.

"만일 내가 시간 엄수, 질서, 근면의 습관이 없었다면, 그리고 한 번에 한 가지 주제에 집중하는 결단력이 없었다면, 나는 내가 성취한 모든 것을 결코 이루어낼 수 없었을 것이다."

꿈이 실현될 때까지 끊임없이 실행을 반복하고 반복하라. 꿈이 손을 들 때까지.

가슴 뛰는 비전이
미래를 만든다

우리가 박정희 대통령을 기억하는 것은 그가 제시한 비전 때문이었다. 그는 세계에서 가장 못사는 나라 가운데 하나였던 우리나라를 "조직 근대화를 통해 세계 속의 한국을 만들겠다. 우리도 한번 잘살아보자"는 비전으로 국민들의 뜻을 모았다. 그리고 그 비전을 현실로 만들었다. 박정희는 1967년 국민에게 보내는 신년 메시지에서 이렇게 말했다.

"조국의 근대화, 그것은 국토 통일이라는 민족적 지상 과제를 성취하기 위해, 오늘에 사는 우리 세대가 기필코 이룩해야 할 국가적 과업이며, 우리의 후손에 물려줄 값진 유산입니다."

그는 또 1967년 대통령 연두교서에서도 다음과 같이 말했다.

"우리의 후손들이 오늘에 사는 우리 세대가 그들을 위해 무엇을 했고, 조국을 위해 어떠한 일을 했느냐고 물을 때, 우리는 서슴지 않고 조국 근대화의 신앙을 가지고 일하고 또 일했다고 떳떳하게 대답할 수 있게 합시다."

박정희의 몸은 온통 비전으로 가득 차 있는 듯하다. 그는 언제나 비전을 제시해 국민들의 힘을 하나로 끌어모아 기적 같은 일들을 해냈다. 한강의 기적 역시 그가 국민들에게 비전을 제시하지 않았다면 불가능했을 것이다. 사실 내가 이 책을 기획하고 집필하게 된 것도 패배적인 사고에 젖어 있던 국민들에게 제시한 비전에 매료되었기 때문이다. 과거 그가 가졌던 비전이 수십 년이 지난 오늘을 사는 나에게 전념되었다고 해도 과언이 아니다. 그처럼 그가 가졌던 비전은 강렬한 것이었다.

성공에 있어 비전은 절대 없어선 안 될 중요한 동인이다. 그 어떤 위대한 성공도 비전 없이 실현되지 않았다. 창의적인 기업의 대명사로 꼽히는 애플은 1975년 스티브 워즈니악과 스티브 잡스, 두 명의 스티브에 의해 탄생했다. 그러나 애플의 탄생 순간에도 눈부신 비전이 있었다. 스티브 잡스는 "누구나 부담 없이 구매할 수 있고 여덟 살 어린이도 쉽게 사용할 수 있는 컴퓨터를 만들어서 각 개인이 언제 어디서나 자유롭게 가치를 창출할 수 있는 세상을 만들겠다"는 비전을 제시했던 것이다. 과연 그의 비전이 실현되었을까? 물론이다. 애플은 컴퓨터의 대중화를 이끌어내 지금처럼 모든 사람이 싼 가격에 고성능의 컴퓨터를 가질 수 있게 되었다.

'자동차 왕' 헨리 포드(Henry Ford). 그는 20세기 대량생산의 비전을 제시했다. 1905년경 시대 상황은 자동차 수요는 폭증하고 있었지만 공급은 한계를 보이고 있었다. 이때 헨리 포드는 "10~20년 후 우리 꿈이 이루어졌을 때는 미국 대부분의 길에서 말과 마차는 사라지고, 대신 우리가 만든 자동차가 짐과 사람들을 실어 나르며, 우리 노동자들이 자신이 만든 자동차를 몰고 다닐 것이다"라고 비전을 밝혔다.

그는 도축장에서 얻은 아이디어를 이용해 컨베이어 벨트를 이용한 대량생산 방식을 도입했다. 그 결과 대당 조립 시간을 5시간 50분에서 1시간 33분으로 단축할 수 있었다. 작업속도를 컨베이어의 이동 속도에 맞춰 종합적인 생산성 향상을 실현한 혁신적인 생산 방식이었다.

성공자들은 모두 가슴에 강렬한 비전을 품었다. 이쯤에서 당신은 '비전만 있으면 성공할 수 있단 말이지. 그렇다면 목표와 계획은 필요 없단 말인가?'라는 의문이 들지도 모른다. 물론 비전을 이루게 도와줄 목표와 계획이 필요하다. 하지만 그렇다고 해서 비전의 하위 개념인 목표와 계획에 너무 신경을 쓸 필요는 없다.

존 맥스웰(John C. Maxwell)은 저서 《꿈이 나에게 묻는 열 가지 질문》에서 이렇게 말한다.

꿈을 실행하기에 앞서 미리 모든 것을 세세하게 계획해둬야 한다는 말은 아니다. 오히려 그것은 잘못된 생각이다. 생각의 큰 틀은 분명하되

나머지는 꿈을 이루어나가면서 계획하고 수정해야 한다. 단, 중요한 꿈에 대해서는 가능한 한 미리 자세하게 구체화하는 것이 좋을 수도 있다.

사실 글을 쓰고 있는 나 역시도 처음부터 비전을 정한 뒤 세세한 목표와 계획을 세웠던 것은 아니었다. '나는 베스트셀러 작가가 된다', '내가 쓴 글이 교과서에 등재된다', '내가 쓴 책이 해외에 수출이 된다', '동기부여 강사가 된다' 등의 굵직한 비전만 설정했다. 그리고 그 비전을 이루기 위해 매일같이 치열하게 글을 써왔을 뿐이다. 물론 그 과정에서 조금씩 목표와 계획을 수정해왔다. 내가 하고 싶은 말은 처음부터 너무 복잡하게 목표와 계획을 세울 필요가 없다는 말이다. 그렇게 하다가는 복잡한 목표와 계획에 함몰되어 쓰러질지도 모른다.

영화배우 김윤진. 미국 드라마 〈로스트〉로 세계적인 배우가 된 그녀는 최초로 할리우드 진출에 성공한 한국 배우로 꼽힌다. 뉴욕 보스턴대학교를 졸업한 그녀는 배역 찾기가 힘든 동양인이라는 한계를 극복하고 오프브로드웨이에서 연기 잘하는 배우로 인정받았다. 그리고 2002년 영화 〈밀애〉에 출연해 '청룡영화제' 여우주연상을 수상하는 영예를 누렸다.

그러나 김윤진은 잘나가던 무렵 충무로의 끈질긴 출연 제의를 뿌리치고 2년 후 미국으로 건너갔다. 그리고 온갖 시련 끝에 미국 ABC와의 전속계약 후 당시 미국 최고 시청률을 기록한 〈로스트〉에 '선'이라는 배역으로 출연하면서 할리우드 진출에 성공했다.

그렇다고 해서 그녀가 영화배우로서 처음부터 술술 풀렸던 것은 아니었다. 미국에서 밤새워 PR 테이프를 제작한 뒤 직접 에이전시를 찾아 나서기도 하고, 오디션을 위해 대본이 닳도록 연습했던 적이 많았다. 심지어 그런 노력에도 불구하고 거듭 오디션에서 떨어졌다. 그럼에도 그녀는 자신의 심장을 뛰게 하는 비전을 믿었다. 그렇게 비전을 향해 계속 도전한 끝에 세계적인 스타가 될 수 있었다. 김윤진은 할리우드 진출에 성공한 후 이렇게 말했다.

"한국에서 주인공을 많이 한 것과 달리 미국에 가서는 비중이 적은 역만 하게 되니 스트레스가 많았다. 하지만 나중에 마이너리그의 주연보다 메이저리그의 조연이 더욱 값지고 빛나는 일이라는 것을 깨달았다."

눈부신 비전이 있는 사람은 비록 지금은 힘들지 몰라도 매일이 행복하다. 머지않아 자신의 비전대로 인생이 바뀌리라는 것을 믿고 있기 때문이다. 그래서 어떤 힘든 과제가 주어져도 긍정적이고 진취적인 자세로 최선을 다한다.

'한경희 생활과학'의 한경희 대표. 그녀는 교육행정 사무관으로 근무하던 당시 집 안을 걸레질하고 나면 허리며 무릎이며 어깨며 안 아픈 곳이 없었다. 그녀는 '걸레질 좀 안 하고 살 수는 없을까?' 하고 불평을 하다 '여자들이 편하게 걸레질할 수 있는 청소기 개발'이라는 비전을 찾았다. 그 비전은 결국 '철밥통'인 공무원 생활에 종지부를 찍고 사업가의 길로 들어서게 했다.

사업전선에 뛰어들었지만 그 과정은 결코 쉽지 않았다. 여자인 데다 사업 경험마저 없는 한경희 대표에게 선뜻 투자하겠다는 사람은 없었고, 제품 개발에는 3년이 넘는 시간이 걸렸다. 단지 성능 좋은 청소기만을 고집했다면 그렇게 오랜 시간을 투자하지 않아도 되었을 것이다.

"가전제품은 한 번 사면 오래도록 사용하는 제품이다. 당장은 편하게 쓸 수 있다 해도, 잔고장이 많다든지 내구성이 떨어진다든지 사용 도중 전혀 뜻밖의 오작동을 일으키게 된다면, 가전제품의 가치는 급락하게 된다. 그래서 시간이 필요했다."

그런 노력 끝에 2004년 9월, 한경희 스팀청소기는 홈쇼핑의 문을 두드렸다. 방송 직후, 수백억 원대의 매출을 달성한 한경희 스팀청소기는 빠르게 입소문을 타고 백화점, 할인마트, 전자제품 전문점에서 러브콜을 받기 시작했다. 청소기 하나로 당시 천억 원대의 매출을 올리며 한때 가정주부들이 가장 필요로 하는 전자제품 리스트에 꼭 올라가 있는 전자제품계의 신화가 되었다.

성공하는 인생을 바란다면 비전을 가져야 한다. 그것도 강력한 비전이어야 한다. 가슴 뛰는 비전을 가진 사람은 절대 시선을 초라한 현실에 두지 않는다. 비전이 만개할 미래를 바라보며 고군분투한다. 즉, 비전이 이끄는 삶을 사는 것이다.

스타벅스의 CEO인 하워드 슐츠(Howard Schultz)는 "스타벅스의 미래를 생각하니 강한 열정과 확신이 생겼다"라고 말한 바 있다. 하워드 슐

츠는 시애틀의 시골에 위치한 스타벅스에서 커피를 마시기 전까지는 이렇다 할 비전이 없는 인생을 살고 있었다. 그러다 그는 우연히 스타벅스 커피를 마시게 되었고 흠뻑 매료되었다. 그때부터 그에게 있어 스타벅스는 단순한 커피 가게가 아닌 전부가 되었다.

스타벅스를 세계적인 기업으로 만들겠다는 비전을 가졌던 그는 과감하게 '해마플라스트'의 부사장 자리를 박차고 나와 스타벅스에 직원으로 들어갔다. 매일같이 그는 비전을 실현하기 위해 자신의 전부를 쏟아부었고, 그 결과 자신의 비전대로 스타벅스를 세계적인 커피 체인점으로 성장시켰다.

세상에는 성공자들의 수가 극소수인 데 비해 패배자들은 부지기수다. 그 이유는 인생을 사는 태도에서 찾을 수 있다. 성공자는 강력한 비전을 가지고 치열하게 사는 반면에, 패배자는 비전은 챙기지 않고 목표와 계획만 세워서 살기 때문이다. 비전이 없는 목표와 계획은 엔진이 없는 자동차와 같다.

성공을 꿈꾼다면 무조건 앞만 보며 달리기보다 먼저 비전을 설정하라. 심장을 뛰게 하는 확고한 비전이 있어야 어떤 일을 먼저 해야 할지 분명해지기 때문이다. 존 맥스웰의 말을 기억하라.

"자신의 비전을 분명하게 보고 이를 글로 적어 잘 보이는 곳에 붙여둔다면 그 비전을 이루기 위해 당신이 무엇을 희생하고, 무엇에 전념해야 하는지를 알려줄 것이다."

꿈, 3단계로
입체적으로 실행하라

얼마 전에 한 강연회에 참석한 적이 있다. 대학생부터 4, 50대까지 다양한 연령층의 분들이 참석한 자리였다. 강연을 마친 후 20분간 질의응답을 주고받았다. 그때 30대 중반의 회사원이 이런 질문을 던졌다.

"주위에 보면 한 분야에서 성공한 사람들을 쉽게 볼 수 있습니다. 그런데 대부분의 사람들은 아무리 열심히 살아도 성공은커녕 힘든 인생에서 벗어나기가 힘듭니다. 열심히 살아도 성공할 수 없다면 과연 어떻게 해야 잘 사는 건지 모르겠습니다."

나는 이렇게 대답했다.

"무조건 성실하게 산다고 해서 성공할 수 있는 것은 아닙니다. 저는 그저 가능성의 문제라고 생각합니다. 물론 열심히 살면 그 분야에서 성공할 가능성이 높아집니다. 하지만 그렇다고 해서 무조건 성공할 수 있는 것은 아닙니다. 인생 곳곳에는 예상치 못한 시련이나 역경이 도사리고 있기 때문입니다. 제 생각에는 열심히 살면 성공한다는 말보다는 열심히 하면 성공할 확률이 높아진다는 말이 더 적합하지 않을까 생각합니다."

나는 이런 말도 덧붙였다.

"사실 주위를 둘러보면 모두들 불쌍할 정도로 열심히 삽니다. 그런데도 소수만 성공하고 나머지는 현상 유지에 머물거나 도태됩니다. 한동안 나는 두 부류를 구분 짓게 하는 요인에 대해 나름대로 분석했습니다. 그 결과 '꿈'과 '실행력'에서 요인을 찾을 수 있었습니다. 성공자들은 꿈을 설정한 뒤 구체적으로 실행했습니다. 쉽게 말해 목표와 계획을 세워서 꿈으로 나아가기 위한 징검다리를 만들었다는 것입니다. 반면에, 그렇지 못한 사람들은 꿈만 있을 뿐 구체적인 실행이 따르지 않거나 명확하지 못한 꿈에다 구체적인 목표와 계획마저 없었습니다. 자, 그렇다면 이렇게 생각해볼 수 있습니다. 명확한 꿈을 설정한 뒤 구체적인 목표와 계획을 세워서 실행할 때 성공할 가능성이 현저히 높아진다고 말입니다."

소설가 이외수는 "한 놈만 10년 패면 성공한다"고 말한 바 있다. 이 말을 곧이곧대로 믿어선 곤란하다. 한 분야에서 10년 동안 치열하게 살되 그 분야에서 최고가 되기 위한 명확한 목표와 계획이 따라야 한다. 목표와 계획이 없는 꿈은 몽상에 불과하다.

박정희는 국가의 CEO로서 목표 지향적 리더십을 발휘했다. 그의 장점 가운데 목표 세우기를 꼽을 수 있다. 그는 어떤 어려운 과제도 사물과 상황을 서너 가지로 간명하게 요약해 문제를 간단하게 보는 능력이 탁월했다. 사실상 당시 경제상황과 기술만 봤을 때 경부고속도로 건설과 포항제철 건립은 불가능한 것이었다. 하지만 그는 숱한 시련과 역경에도 불구하고 자신의 목표를 이루었다.

박정희가 이루어놓은 모든 업적에는 새로운 목표(꿈) 설정과 그 목표를 이루기 위한 세부적인 계획, 그리고 실행이 있었다. 그래서 그는 차트와 브리핑을 자주 활용했는데 그의 집무실에 목표를 차트화한 자료를 보관해 이용하곤 했다. 불가능하게 여겨지는 목표도 세세한 계획만 있으면 그 길이 보인다. 그래서 계획이 동인이 되어 결국 성과를, 해답을 도출해내는 것이다.

박정희의 재임시절 전체 그림을 놓고 볼 때 그가 이루고자 했던 비전은 한민족 중흥이었다. 그리고 그 아래 한 단계 낮은 두 가지 목표가 조국 근대화와 자주 국방이었다. 또 이들 목표 아래 세부적인 국정 계획이 있었다. 박정희의 꿈과 목표, 계획을 다음과 같이 도식화할 수 있다.

한민족 중흥

| 조국 근대화(자립 경제) | 자주 국방 |

세부적인 목표
* 물질적 근대화
1. 자립 경제 달성 2. 공업 입국 3. 국토 개발 4. 복지사회 구현 5. 기술혁신
6. 새마을운동
* 자주 국방
1. 자주 국방 2. 평화 통일
* 정신적 근대화
1. 교육 입국 2. 민족문화 창달 3. 민족 도의 회복 4. 새마을운동

(전인권, 《박정희 평전》 <표 5-2 박정희 사상 및 통치 목표의 체계> p.342 참조)

이 도식을 통해 박정희가 자신의 비전을 주먹구구식으로 실행하지 않았다는 것을 알 수 있다. 그에게서 국가의 최고 통치자로서 지녀야 할 가장 중요한 덕목인 목표 지향적 리더십을 엿볼 수 있다. 또 그는 한 가지 목표를 설정하면 자신과 측근들뿐 아니라 국민들에게 알려 비전을 제시했다. 즉 "1인당 국민소득 1,000달러, 수출 100억 달러 달성"이라는 비전을 제시함으로써 좌절에 빠져 있는 국민들의 뜻을 하나로 모아서 비전 실현에 집중시켰다. 이것이 바로 현재 많은 사람들이 박정희 향수에 젖어 있는 이유라고 할 수 있다. 이처럼 박정희 리더십은 간결하면서 강력하다.

박정희는 조국 근대화라는 비전을 달성하기 위해 경제개발5개년이라는 장기적인 계획을 세웠다. 높은 경제성장률을 달성하고 산업화와 근대화 추구를 통해 선진국 경제와 협력 체제를 강화하기 위함이었다. 이를 위해 핵심인재를 적재적소에 배치해서 제1차 경제개발5개년계획 기간(1962~1966)에는 빈곤의 악순환을 극복하고 자립경제의 기틀을 다지기 위해 총력을 기울였다. 시멘트, 비료, 정유, 전력 등 에너지 산업의 기반을 조성하고 섬유와 같은 노동집약적 상품 수출과 석유화학 제품을 비롯한 소비재산업의 육성을 위해 자유 시장 경제원칙에 입각한 민간기업의 창의적 노력을 고취시켰다. 덕분에 경제성장과 1인당 국민소득이 향상되었다.

제2차 경제개발5개년계획 기간(1967~1971)에는 공업구조의 고도화에 노력해 적극적인 외자도입과 사회간접자본을 확충했다. 이 기간에 우리

나라의 공업화는 탄력을 받게 된다. 1966년에 전혀 생산되지 않았던 화학섬유와 소모사 등이 우리 기술로 생산되기 시작했는가 하면, 합판, 정유, 자동차, 기계 등의 제조공업이 눈에 띄게 발전했다. 그 결과 1971년에는 수출액이 10억 달러의 고지를 돌파함으로써 우리나라 경제는 역동적인 고성장 단계로 진입할 수 있었다.

제3차 경제개발5개년계획 기간(1972~1976)은 중화학공업을 육성해 자본재의 수출입 의존율을 현저히 낮춰 국민 경제의 자립화 기반을 공고히 했다. 뿐만 아니라 농업개발 역시 강력히 추진해 성장과 안정을 동시에 이루었다.

제4차 경제개발5개년계획 기간(1977~1981)에는 1977년 100억 달러 수출, 1인당 국민총생산이 1,000달러를 돌파했다. 이는 곧 눈부신 경제개발과 '한강의 기적'으로 이어졌다.

제5차 경제개발5개년계획 기간(1982~1986)은 그동안 계획의 기조로 삼았던 성장을 빼고 안정, 능률, 균형을 기조로 물가안정과 개방화, 시장 경쟁의 활성화, 지방 및 소외 부문의 개발을 주요정책 대상으로 했다. 이 계획의 가장 큰 성과는 한국 경제의 고질적 문제였던 물가를 획기적으로 안정시킨 것이다. 경제개발5개년계획의 성과는 다섯 가지로 꼽을 수 있다.

첫째, 경제 규모 확대와 수출 증대
둘째, 한국 경제에 대한 높은 국제적 평가

셋째, 고용 증대와 소득 증대

넷째, 인력 개발·해외 유학·해외 두뇌 유치를 통한 인재 양성, 기업의 경영관리 능력 증대,

다섯째, 북한의 경제력 추월

박정희 대통령의 경제개발5개년계획이라는 목표가 있었기에 조국 근대화라는 비전을 달성할 수 있었다. 이는 곧 국민 경제의 발전을 도모해서 양적 성장과 아울러 질적 발전과 국민 생활의 향상을 이끌어낸 획기적이면서도 개혁적인 경제계획으로 꼽힌다.

나는 1년에 10권 이상 꾸준히 책을 펴내고 있다. 지금까지 펴낸 책의 권수만도 300권이 넘는다. 대부분이 자기계발서이지만 에세이와 아동서와 청소년을 위한 책도 있다. 그러니 사람들로부터 책 쓰기 비결에 관한 질문을 많이 받는다.

"어떻게 그렇게 많은 책을 펴내세요? 무슨 특별한 비결이라도 있으세요?"

"하루 종일 아무 일도 안 하고 책만 쓰시나 봐요."

사실 나에게는 특별한 책 쓰기 비결도 없을뿐더러 하루 종일 글만 쓰지 않는다. 그저 1년에 몇 권의 책을 쓰겠다는 목표를 정한 뒤 하루에 몇 장을 쓰겠다는 세부적인 계획하에 새벽 5시에 기상해 오전까지 글을 쓴다. 그리고 작가가 되고자 하는 사람들을 대상으로 책 쓰기 교육을

진행하고 있는데, 그동안 1,100명의 작가를 배출했다.

아무리 거창한 꿈과 비전이 있어도 세부적인 목표와 계획이 결여되어 있다면 절대 실현되지 않는다. 에너지 낭비와 허송세월만 하게 된다. 대부분의 사람들이 어제와 같은 오늘, 내일을 사는 것은 이 때문이다.

이외수는 고수와 하수의 차이를 이렇게 설명한다.

"고수는 머릿속이 한 가지 생각으로 가득 차 있고, 하수는 머릿속이 만 가지 생각으로 가득 차 있다."

고수, 즉 성공자는 성공에 이르는 쉽고 간단한 길을 알고 있다. 앞서 말했다시피 꿈을 설정하고 목표와 계획을 세워서 실현될 때까지 밀어붙인다. 그리고 결국 해낸다. 반면에, 그렇지 못한 사람은 거창한 꿈만 설정한 채 그저 열심히 살 뿐이다. 그게 전부다. 근면과 성실로 목표와 계획을 대신하려 해보지만 뜻대로 되지 않는다. 그 결과 "역시 성공은 아무나 하는 게 아니야"라며 성공하지 못한 자신을 합리화시킨다.

접시닦이로 시작해 대학교수까지 오른 이상정 교수가 있다. 그는 중학교를 졸업하고, 1968년도에 '코스모폴리탄'이란 레스토랑에서 조리 인생을 시작했다. 3년간의 접시닦이 생활을 성실하게 마치고 이후 프라자, 리츠칼튼, 스위스그랜드 등 국내 유명 호텔의 주방에서 일하다 32년 만인 2000년 부산 메리어트 호텔 총주방장에 올랐다.

그는 화려한 수상 경력의 소유자기도 하다. 1991년 제1회 서울 인터살롱 요리경연대회에서 금상을 받은 것을 시작으로 국내외 조리경연대회에서 수십 개의 상을 받았다. 2002년에는 노동부에서 인증하는 조리 명장으로 선정되어 조리 분야의 최고 반열에 올랐다.

그렇다면 중학교 졸업장밖에 없는 그가 어떻게 자신의 분야에서 최고가 될 수 있었을까? 그에게는 꿈과 목표 그리고 실행력이 있었다. 그는 조리명장이라는 꿈을 설정한 뒤 대학교와 대학원 진학이라는 목표를 세웠다. 그 결과 조리사로 일하는 동안 고등학교를 졸업하고, 대학에서 대학원까지 진학해 호텔관광외식경영 석사학위를 취득할 수 있었다. 그리고 관광전문대학원 박사과정까지 밟으며 이론도 병행했다.

그가 충실히 자신의 길을 가고 있던 어느 날 그의 살아 있는 경험을 높이 산 영산대학교의 교수로 초빙되었고, 그렇게 그는 조리학부 교수로 강단에 서게 된 것이다. 이처럼 확고한 꿈과 세부적인 목표, 계획을 가지고 최선을 다하는 사람은 무조건 성공하게 되어 있다. '1+1=2'가 되듯이 꿈 역시 목표+계획=꿈 실현'이라는 공식을 대입해 치열하게 산다면 바라는 인생이 펼쳐진다.

나는 당신에게 한 가지 더 조언하겠다. 이 방법까지 더해서 활용한다면 좀 더 쉽고 빠르게 실현할 수 있다. 이 방법은 내가 그동안 써왔고 현재도 활용하고 있는 방법이다. 자신의 꿈을 이미 실현한 사람들의 사진을 눈에 잘 띄는 곳에 붙여두고 자주 들여다보는 것이다. 그들과 찍은 사진이나 꿈과 관련된 기사도 좋다. 그러한 것들을 자주 들여다보게 되면 꿈을 망각하는 일도 방지할 수 있고, 무엇보다 그렇게 함으로써 예상치 못했던 기회들이 생긴다. 자신의 소망을 실현하려는 강력한 끌어당김의 법칙이 작용하기 때문이다.

자기계발 전문가 로빈 샤르마(Robin Sharma)의 저서 《나를 발견한 하룻밤 인생수업》에 보면 이런 내용이 있다.

'꿈의 책'을 욕망하는 것들의 사진으로 도배하는 것도 굉장히 효과가 있더군. 자네가 갖고 싶은 능력과 재능, 자질을 개발한 사람들의 사진도 붙이는 거야. 그리고 매일 단 몇 분이라도 그 노트를 들여다보는 거야. 노트를 친구로 삼게. 깜짝 놀랄 결과를 얻게 될 테니까.

사실 성공한 사람들은 대부분 끌어당김의 법칙을 활용한 사람들이다. 예전에 만났던 천호식품의 김영식 회장 역시 자신의 핸드폰 바탕화면에다 자신의 꿈을 적은 문구를 띄어놓고 자주 들여다본다고 한다. 또 그는 하루에도 몇 번씩 자신이 꿈을 이룬 모습을 상상하는데, 이러한 것들이 김 회장의 성공 비결인 셈이다.

데이비드 슈워츠(David Schwartz)는 저서 《리더의 자기암시법》에서 이렇게 말했다.

"나는 성공할 것이다라는 생각이 당신의 모든 사고과정을 지배하게 하라. 그러면 조건반사로 당신의 마음은 성공을 초래할 만한 계획을 세우게 된다."

성공은 쉽고 간단하다. 앞에서 말한 성공 공식을 대입해 화력을 집중하면 된다. 꿈과 비전을 단계별로 세워 구체적으로 실행하면 반드시 실현된다. 마지막으로 박정희에게서 배울 점을 정리해보면 다음과 같다.

- 꿈, 비전 설정
- 세부적인 목표, 계획 세우기
- 강한 승부 근성으로 실행

박정희처럼 절대 지지 마라

성공자들은 강한 승부 근성의 소유자들이다. 어떤 일을 하건 절대 지지 않기 위해 분투했다. 지지 않기 위해 공부했고 지독한 노력을 기울였다. 그런 치열한 삶의 자세가 성공으로 이끌었다.

패배자들은 승부 근성이 약하다. 한두 번 도전하다가 뜻대로 안 되면 쉽게 포기해버린다. 그들은 실패를 지는 것으로 여기지 않는다. 이 부분이 성공자들과 차별된다. 성공자들에게 있어 진다는 것은 벼랑 아래로 떨어지는 고통이고, 밥줄이 끊어지는 것을 의미한다. 그래서 그들에게 실패는 죽음과 같았다. 그래서 지지 않기 위해 이를 악물었던 것이다.

박정희는 평소 축농증 증세가 있었다. 어느 날 오후, 그는 서울대학병원에서 수술을 했다. 수술하기 전 그는 의사에게 몇 시간이나 걸리겠냐고 물었다. 의사는 수술에는 시간이 많이 걸리지 않지만 마취가 깨는 데 시간이 좀 걸린다고 대답했다. 그러자 그는 이렇게 말했다.

"그러면 마취하지 말고 그냥 하시오. 그렇게 한가하게 보낼 시간이 어디 있나?"

깜짝 놀란 의사가 마취 없이는 통증이 너무 심해서 안 된다고 대답했지만, 그가 고집을 피우는 바람에 의사는 어쩔 수 없이 마취 없이 수술했다. 그러나 박정희는 수술 중에 단 한 번도 소리를 내지 않았다. 담당 의사가 얼마나 놀랐을지는 어느 정도 짐작이 간다.

어린 시절 박정희는 누구보다 가난하고 힘든 시절을 보냈다. 어릴 때 종종 옆집에서 고등어를 구웠는데 그 냄새가 그의 집까지 담을 넘어 풍기곤 했다. 박정희는 생선 냄새 때문에 더욱 허기가 졌다. 그 집도 잘사는 축에 속한 건 아니었지만 그래도 한 달에 두어 번 고등어를 구웠다. 그는 당시를 떠올리며 이렇게 회상했다.

"고등어 굽는 냄새가 나는 날은 침이 꼴딱 넘어가는데 서럽기까지 하더라. 어려운 집안 형편을 알면서 고기반찬을 해달라고 조를 수도 없고, 어린 마음에 그게 상처가 되었다."

그 당시는 마을에 한두 집 빼고는 모두가 못사는 시절이었던 탓에 가난이 부끄러운 것은 아니었다. 하지만 허기를 달래는 날보다 굶는 날이 더 많았기에 가난은 상처로 남았던 것이다. 지독히 가난한 집에서 자란 그는 가난에 대해 많은 생각을 하게 되었다. '왜 우리는 가난한가?' 이런 생각에 여러 날을 고민할 때도 있었다. 언젠가 그는 "어려운 형편에 공부한 것도 이루고자 하는 꿈이 있었기 때문"이라고 고백한 바 있다. 가난을 뼈저리게 체험한 그가 대통령 시절에 국민에게 어떻게든 일할 기회를 주기 위해 노력한 것은 어쩌면 당연한 일인지도 모른다.

꿈이 있는 사람은 상황이 힘들다고 해서 굴복하지 않는다. 늘 긍정적인 면에 초점을 맞춰 미래를 바꾸기 위해 최선의 노력을 기울인다. 박정희 역시 그랬다.

"그동안 우리 국민에게 일할 여건이 제대로 주어지지 않았기 때문에 외국에서는 한국 사람들이 술과 노름을 좋아하며 게으르다고 생각하는 것이다. 하지만 절대 그렇지 않다. 예부터 우리 민족은 매우 성실하고 깨끗한 정신을 가졌다."

그는 어떤 시련과 역경 속에서도 '하면 된다'고 믿었다. 그래서 그가 가장 먼저 했던 일은 좌절감과 패배의식에 빠져 있던 국민들에게 강력한 비전을 심어주는 것이었다. 국민을 한마음으로 모으는 비전만 있다면 충분히 부유한 나라로 변화시킬 수 있다고 생각했기 때문이다.

어린 시절 칭기즈칸(Chingiz Khan)의 삶 역시 비참했다. 그가 속했던 부족은 작고 나약했으며, 아버지 없이 자라 글도 배우지 못했다. 그러나 그는 원대한 꿈을 품고 있었다. 미래를 예측할 수 없는 끊임없는 전쟁과 약탈 속에서도 절망하지 않았던 것은 몽골을 통일한 후 타국의 침략을 받지 않는 위대한 국가로 만들겠다는 꿈 때문이었다.

당시 몽골 인구는 100~200만 명에 불과했다. 또한 변변한 문자도 없었던 야만 국가였지만 중국의 원나라를 세웠다. 주변 2억여 명 인구의 국가들을 무려 150여 년 동안 거느렸다. 그가 정복했던 땅은 777만 제곱킬로미터로 알렉산더(Alexandros) 대왕, 나폴레옹(Napoléon), 히틀러

(Hitler)가 차지한 땅을 합친 것보다 넓었다. 세계를 재패했던 최고의 전략가 칭기즈칸은 이렇게 말했다.

"가난하다고 말하지 말라. 배운 게 없다고 힘이 없다고 탓하지 말라. 너무 막막하다고, 그래서 포기해야겠다고 말하지 말라. 적은 밖에 있는 것이 아니라 내 안에 있었다. 나를 극복하는 그 순간 나는 칭기즈칸이 되었다."

칭기즈칸은 승부 근성이 강했다. 승부 근성은 그가 처했던 척박한 현실을 잊게 해주었고 꿈을 향해 나아가게 했다.

세계적인 체조선수 후지모토 슌(藤本俊). 일본 대표로 참가한 올림픽 대회에서 그의 팀은 간발의 차이로 금메달을 다투고 있었다. 그는 이 순간을 위해 자신이 얼마나 피나는 훈련을 해왔는지, 팀 동료들과 국민들이 자신을 지켜보며 큰 기대를 품고 있다는 사실도 알고 있었다.

그는 링에서 뛰어난 연기를 펼쳐 보이고 착지했다. 그러나 착지하는 순간 오른쪽 다리가 부러지는 부상을 당하는 바람에 통증을 호소하며 매트 위에 쓰러졌다. 그날 밤 동료 선수들은 병원으로 찾아와 좌절에 빠진 그를 위로해주었다.

다음 날, 사람들은 전날의 부상으로 후지모토가 대회에 불참하리라고 생각했다. 그런데 경기장 전광판에 후지모토의 이름이 나오자 사람들은 경악했다. 잠시 후 그가 다리를 절며 선수 출입구에 모습을 드러냈다. 이윽고 그는 링 연기를 선보이기 위해 기구에 올랐다. 관중들은 믿을 수 없다는 듯 숨을 죽인 채 그에게 시선을 집중했다. 후지모토는 오른쪽 다리에 붕대를 감은 채 링을 잡고 자세를 취했다. 관중석에서는 숨소리조차 들리지 않았다.

후지모토는 최악의 몸 상태로 공중에서 몸을 비트는 연기를 하며 자신에게 '균형을 잡을 수 있을까?' 하고 물음을 던졌다. 만약 성공한다면 관중의 박수갈채를 받으며 팀에게 금메달을 안겨줄 수 있겠지만 그 대신 칼로 찌르는 듯한 끔찍한 고통을 감수해야 한다는 것도 잘 알고 있었다.

전날 밤 병원에서 곰곰이 생각한 결과, 팀에 금메달을 안겨주기 위해서는 자신이 최하 9.5 이상의 점수를 얻어야 한다는 것을 알았다. 후지모토는 연기를 시작했고, 링에서 멋진 공중 연기를 완벽하게 소화해냈다. 관중들과 심사위원단은 넋을 잃은 듯 바라보았다. 마침내 착지를 위해 그는 링에서 공중으로 몸을 날려 두 번 몸을 비튼 후 다시 세 번 공중돌기를 했다. 착지 역시 기적에 가깝게 성공적이었다.

그는 감격한 나머지 미동도 하지 않고 서 있었다. 두 볼에 뜨거운 눈물이 흘러내리고 있었다. 곧 그는 바닥에 쓰러지고 말았다. 이윽고 전광판에 9.5라는 숫자가 떠올랐다. 그의 팀이 금메달을 확정 짓는 순간이었다. 우승 후 후지모토는 당시를 이렇게 술회했다.

"칼에 찔리는 듯한 고통이 느껴졌습니다. 눈에서 저절로 눈물이 나오더군요. 하지만 이제 금메달을 목에 걸고 나니 그 고통은 다 사라져버렸습니다."

그는 이 말도 덧붙였다.

"고통스러울수록 그 끝에 얻은 영광은 더 빛나는 법입니다!"

후지모토는 부러진 오른쪽 다리에서 격심한 통증을 느꼈을 것이다. 그런 몸을 이끌고 공중에서 몸을 비트는 연기를 하기까지 얼마나 많은 불안과 두려움을 느꼈을까? 하지만 그는 두려움과 싸워 이겼다. 그 결과 링에서 멋진 공중 연기를 완벽하게 소화해낼 수 있었다.

지금 하는 일에서 절대 져선 안 된다. 진다는 것은 이겼을 때 누리게 되는 성취감과 기회가 다른 누군가에게 간다는 말이다. 어떤 일을 하더라도 뼈를 깎는 심정으로 혼신의 노력을 기울여야 한다. 아무리 작은 성공일지라도 쉽지 않기 때문이다. 무엇보다 작은 성공 경험이 축적될 때 큰 성공 역시 이룰 수 있다.

성공하는 사람은 현실에 안주하는 것을 가장 경계한다. 안주하는 순간 망망대해에 표류하는 배와 같다는 것을 잘 알고 있다. 언제 거친 파도에 휩쓸리거나 난파당할지 모른다.

세계에서 가장 높은 에베레스트산 정상에는 다음과 같은 깃대가 꽂혀 있다.

'1953년 5월 29일 에드몬드 힐러리.'

에드몬드 힐러리(Edmund Hillary)가 가장 험난하고 높은 에베레스트산을 처음 등반했지만, 사실 그도 처음부터 등반에 성공한 것은 아니었다. 1952년, 그는 피나는 훈련 끝에 등반을 시작했지만 결국 실패하고 말았다. 그때 영국의 한 단체로부터 에베레스트산의 등반에 관한 연설을 부탁받았다. 그는 연단에서 에베레스트산이 얼마나 오르기 힘든 산인가에 대해 설명하기 시작했다. 잠시 후 한 청중이 그에게 질문을 던졌다.

"그렇게 힘든 산이라면 두 번 다시는 등반하시지 않을 겁니까?"

그는 주먹을 불끈 쥐고는 지도에 그려져 있는 에베레스트산을 가리키며 이렇게 말했다.

"그렇지 않습니다. 저는 다시 오를 생각입니다. 첫 번째 등반은 실패로 끝났지만 다음번에는 반드시 성공할 테니까요. 왜냐하면 에베레스트산은 이미 다 자랐지만 저의 꿈은 지금도 계속 자라고 있기 때문입니다."

지금 당신이 서 있는 포지션은 도전을 통해 만들어졌다. 만일 지금 자신의 포지션이 마음에 든다면 숱한 실패에도 계속 도전했다는 증거다. 그 반대라면 몇 번의 실패 후 도전을 멈췄다는 뜻이다. 꿈이 있는 사람은 결코 도전을 멈추지 않는다. 도전에 브레이크가 걸리는 순간 꿈은 돌멩이와 잡풀이 무성한 폐허로 바뀌고 만다.

에드몬드의 말처럼 실패는 다 자랐지만 우리의 꿈은 계속 자라고 있다. 꿈은 실패보다 더 강하다. 온갖 두려움을 떨치고 꿈이 이끄는 대로 걸어가길 바란다.

그리하여 박정희처럼 절대 지지 않기를.

박정희 리더십

제1판 1쇄 2022년 6월 13일
제1판 2쇄 2022년 6월 15일

지은이 김태광
펴낸이 서정희 **펴낸곳** 매경출판(주)
기획제작 ㈜두드림미디어
책임편집 우민정, 배성분 **디자인** 얼앤똘비악earl_tolbiac@naver.com
마케팅 김익겸, 장하라

매경출판㈜
등록 2003년 4월 24일(No. 2-3759)
주소 (04557) 서울시 중구 충무로 2(필동1가) 매일경제 별관 2층 매경출판㈜
홈페이지 www.mkbook.co.kr
전화 02)333-3577
이메일 dodreamedia@naver.com(원고 투고 및 출판 관련 문의)
인쇄·제본 ㈜M-print 031)8071-0961
ISBN 979-11-6484-416-6 (13320)